中国文化
知识读本

ZHONGGUO WENHUA ZHISHI DUBEN

古代商人与商业

金开诚◎主编

张 鸽◎编著

吉林出版集团有限责任公司
吉林文史出版社

图书在版编目（CIP）数据

古代商人与商业 / 张鸽编著 . 一长春：吉林出版
集团有限责任公司：吉林文史出版社，2009.12（2022.1重印）
（中国文化知识读本）
ISBN 978-7-5463-1574-4

Ⅰ . ①古… Ⅱ . ①张… Ⅲ . ①商业史 – 中国 – 古代
Ⅳ . ① F729.2

中国版本图书馆 CIP 数据核字（2009）第 236930 号

古代商人与商业

GUDAI SHANGREN YU SHANGYE

主编/ 金开诚 编著/张鸽
项目负责/崔博华 责任编辑/曹恒 崔博华
责任校对/袁一鸣 装帧设计/曹恒
出版发行/吉林文史出版社 吉林出版集团有限责任公司
地址/长春市人民大街4646号 邮编/130021
电话/0431-86037503 传真/0431-86037589
印刷/三河市金兆印刷装订有限公司
版次/2009 年 12 月第 1 版 2022 年 1 月第 15 次印刷
开本/650mm×960mm 1/16
印张/8 字数/30千
书号/ISBN 978-7-5463-1574-4
定价/34.80元

关于《中国文化知识读本》

　　文化是一种社会现象，是人类物质文明和精神文明有机融合的产物；同时又是一种历史现象，是社会的历史沉积。当今世界，随着经济全球化进程的加快，人们也越来越重视本民族的文化。我们只有加强对本民族文化的继承和创新，才能更好地弘扬民族精神，增强民族凝聚力。历史经验告诉我们，任何一个民族要想屹立于世界民族之林，必须具有自尊、自信、自强的民族意识。文化是维系一个民族生存和发展的强大动力。一个民族的存在依赖文化，文化的解体就是一个民族的消亡。

　　随着我国综合国力的日益强大，广大民众对重塑民族自尊心和自豪感的愿望日益迫切。作为民族大家庭中的一员，将源远流长、博大精深的中国文化继承并传播给广大群众，特别是青年一代，是我们出版人义不容辞的责任。

　　《中国文化知识读本》是由吉林出版集团有限责任公司和吉林文史出版社组织国内知名专家学者编写的一套旨在传播中华五千年优秀传统文化，提高全民文化修养的大型知识读本。该书在深入挖掘和整理中华优秀传统文化成果的同时，结合社会发展，注入了时代精神。书中优美生动的文字、简明通俗的语言、图文并茂的形式，把中国文化中的物态文化、制度文化、行为文化、精神文化等知识要点全面展示给读者。点点滴滴的文化知识仿佛颗颗繁星，组成了灿烂辉煌的中国文化的天穹。

　　希望本书能为弘扬中华五千年优秀传统文化、增强各民族团结、构建社会主义和谐社会尽一份绵薄之力，也坚信我们的中华民族一定能够早日实现伟大复兴！

【目录】

一 我国古代商业发展概况

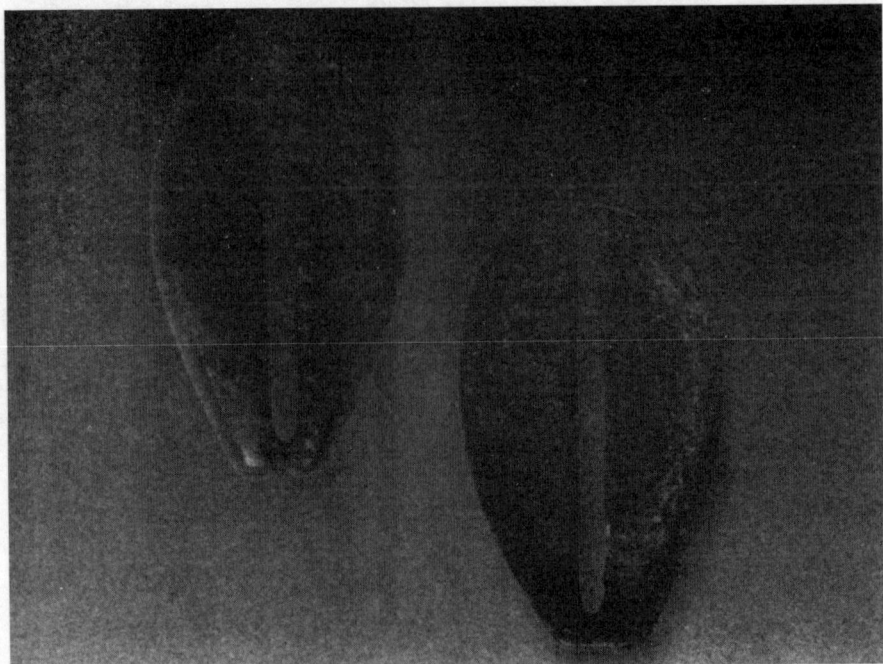

我国最古老的货币是天然海贝

（一）秦以前的商业

商业发生的前提是交换。在氏族部落的接触中，物物交换可能已经产生了。在甘肃的遗址中发现有磨制的玉石、玉瑗和海贝，据推测，玉可能是从新疆来的，贝可能是从沿海来的，二者都可能是通过物物交换得来的。随着父权制取代母权制，部落之间的交换有了进一步发展，剩余粮食增多和交通便利成为原始社会交换的两个先天条件。资源条件和生产技术发展不平衡所造成的产品在地区间的有无、巧拙，成为促使部落之间通过交换相互补充的原因。据《尸子》记载，舜"顿丘买贵，于是贩于顿丘，传虚卖贱，于是债于传虚"。这说明部落之间的商品交换有了新的发展，人们开始考虑交换的比例了。

在神农、黄帝和尧、舜时代，我国还处在原始社会时期。虽然交换已经产生，但尚未发展到产生货币的程度，而某些自然物，如龟壳、皮革、齿角、工具等则在不同地区充当了等价物。到了夏代，原始公社瓦解而进入奴隶社会，私人之间的交换产生了。频繁的交换使某种商品从商品中脱离出来，成为专门用作等价物的特殊商品。牲畜最先被用作货币，

红山文化玉龟壳

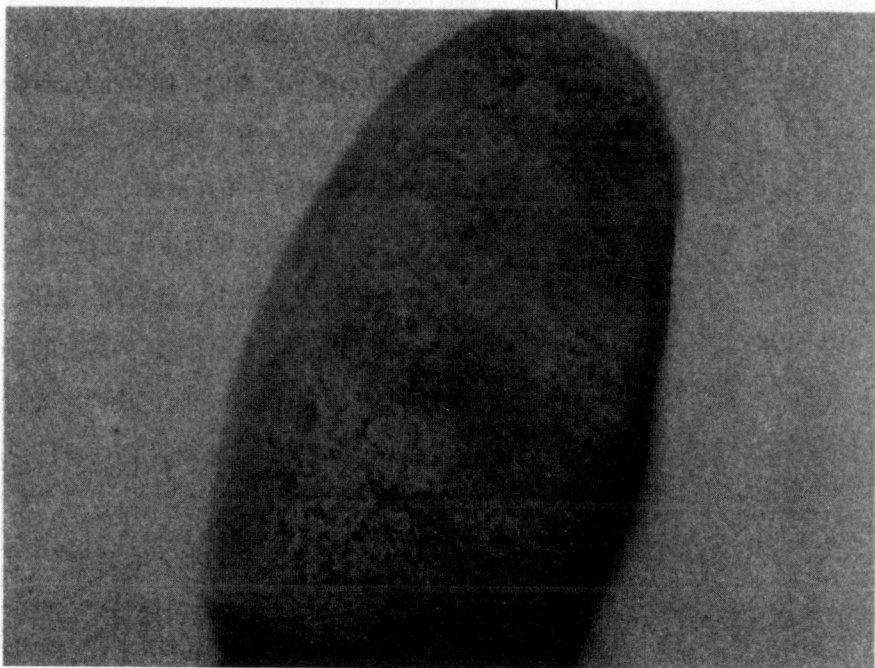

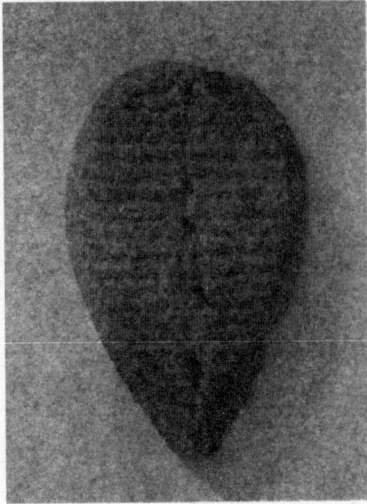
战国时期铜贝

物字从"牛"便是证据。有了货币，商品交换才会分裂为买和卖两个对立的行为，商人才可能进入其中进行商业活动，才能够从生产者手中把商品购买过来，转卖给消费者。

从公有制转变为私有制，这是商业资本产生的经济基础。夏启以后，社会分工又继续扩大，社会剩余产品比以前大为增加。生产者直接把产品出卖给消费者的交换形式已经不能满足剩余产品进一步增加的需要，于是商业便作为一个独立的社会经济部门从生产者的副业劳动中分离出来。

在商代，因重视商业，商民善于经商，所以后世将经商的人称为商人。商族人有相当一部分专门从事商业经营。商品交换的发展使货币逐渐产生。海贝、骨制贝、铜制贝都曾作为货币进行交换。1958年在殷墟发掘中，就发现了铜贝。我国的铜贝是世界上已发现的最早的金属货币。商朝都城在当时已成为繁荣的商业都市，有"商邑翼翼，四方之极"之称。

到了西周，在商品经济的刺激下，土地开始租让，不过田地租让是要在周王朝大臣参与和监督下进行，出让的邦君要对邢伯等王朝大臣立誓，并由他们

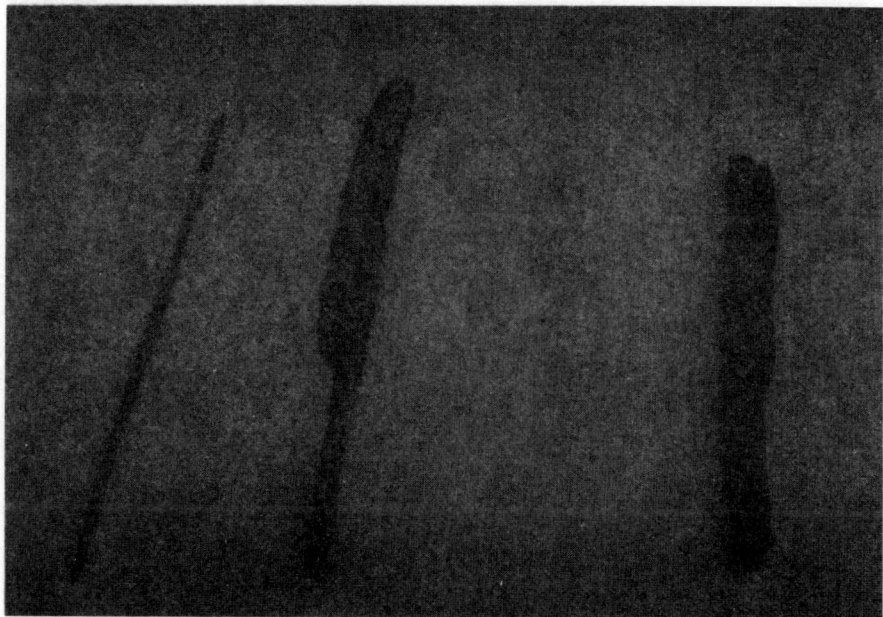

派遣司徒等官员去勘察田界。货币也有了新的发展。这时金属货币已经广泛使用，但同时杂以玉、布、帛、粟等。金属货币中以铜质铸币为主。在金属铸币不够用的情况下，以重量称的铜竟也被作为货币来流通。但金属货币毕竟有限，主要在奴隶主贵族和大商人之间流通。流通的还有珠、玉和贵重的皮张。而贫民之间生产用具和产品，如刀具、农具、兽皮、布、粟等则成为主要的货币流通手段。

春秋战国时期，社会生产力有了重大的变革，铁器成为主要工具。在农业和手工业发展的基础上，一方面投向市场

象牙

的商品增多了，另一方面从市场购买的商品也增多了。商品交换发展迅速，商业发达，各地土特产品交流频繁。在中原市场上可以买到南方的象牙，北方的马，东方的鱼、盐和西方的皮革。许多城市成为繁华的商业中心，如齐国临淄、赵国邯郸、楚国郢等，这些城市经济发达，都聚集着很多人口。贸易往来的增多促进了交通的发展，也促进了城市的发展。由于交易频繁化，一些日常用具被借用为度量工具。

随着市场商品流通的发展，货币流通也相应地发生了变化。春秋末年开始出现金属铸币，也开始征收关市税。在此之前，地区间的贸易是不征税的，关口的职责是稽查督察，维持治安。但到了东周就开始有关市之赋了。为了与商品流通发展相适应，要重视市场管理问题。《周礼》就有明确的市场行政管理的规定。商业成为社会的一个重要职能部门，在城乡中与士、农、工一起构成了四个重要的组成部分。在城市中自然形成了一个商人集中的市区，他们就成为市区的基本居民，即所谓"市人"。

自由商人的经营方法很先进。在频繁的交易中他们积累了丰富的经商经验，甚至总结为经商理论。《国语》中提到"贾人夏则资皮，冬则资絺，旱则资舟，水则资车"。就是说夏天要提前办理冬货，冬天也要提前办理夏令商品，天旱时要准备涝时的货物，水涝时也要准备天旱的商品。

自由商人在经济上获得一定基础，社会地位逐渐提高，开始干预政治。大商人凭借其经济力量足以与统治者相抗衡。商业的发展不仅破坏了奴隶制生产方式的基础，而且也冲击其落后、腐朽的上层建筑。自由商人的发展到处破坏奴隶制生产方式，加速其崩溃。这不仅表现在商人是货币财富的主要聚集者和拥有者，货币势力到处破坏宗法的、世袭的奴隶经济，而

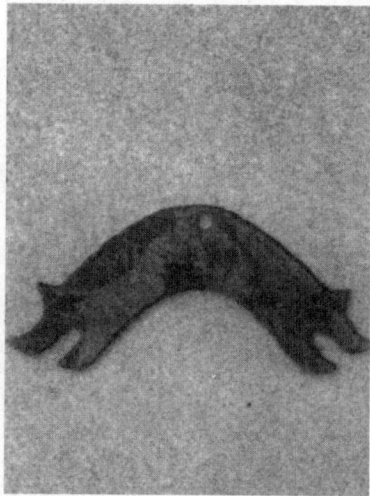

战国虎头中型钱币

且商人能以其特有的活动形式将土地从分封世袭的井田制中解放出来，变成买卖对象。购买土地后相当多的人变为新兴的封建地主。

各诸侯国经过长期的兼并，到战国时期已形成齐、楚、燕、韩、赵、魏、秦七雄对峙和混战的局面。在农业和手工业发展的基础上，各地区之间开展了广泛的商品交流，密切了经济联系和文化联系。战国时期中原形成了统一的市场，规模大，辐射广，四方产品在中原市场上都可以买到；封建城市成为繁荣的商业中心，如临淄、邯郸、郢等。战国时期我国生产力有

战国齐国刀币

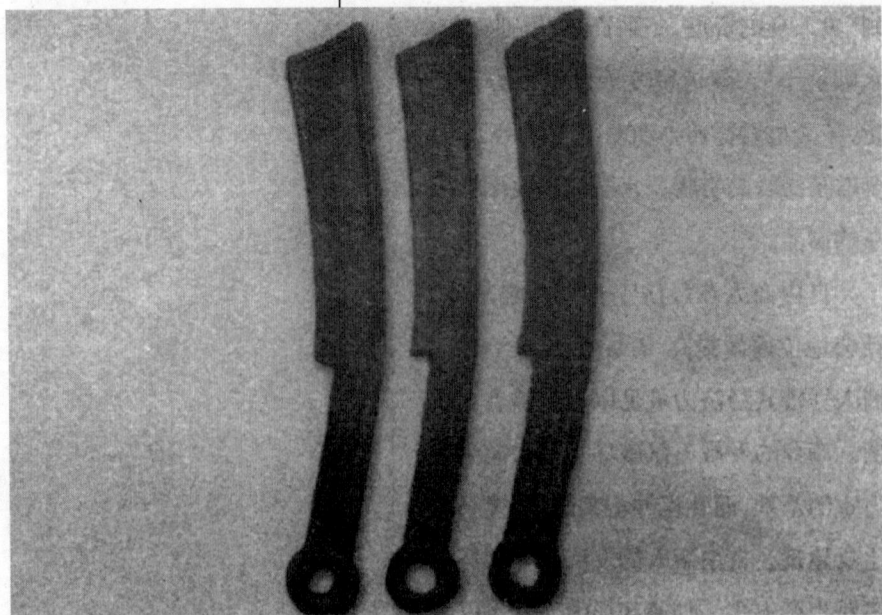

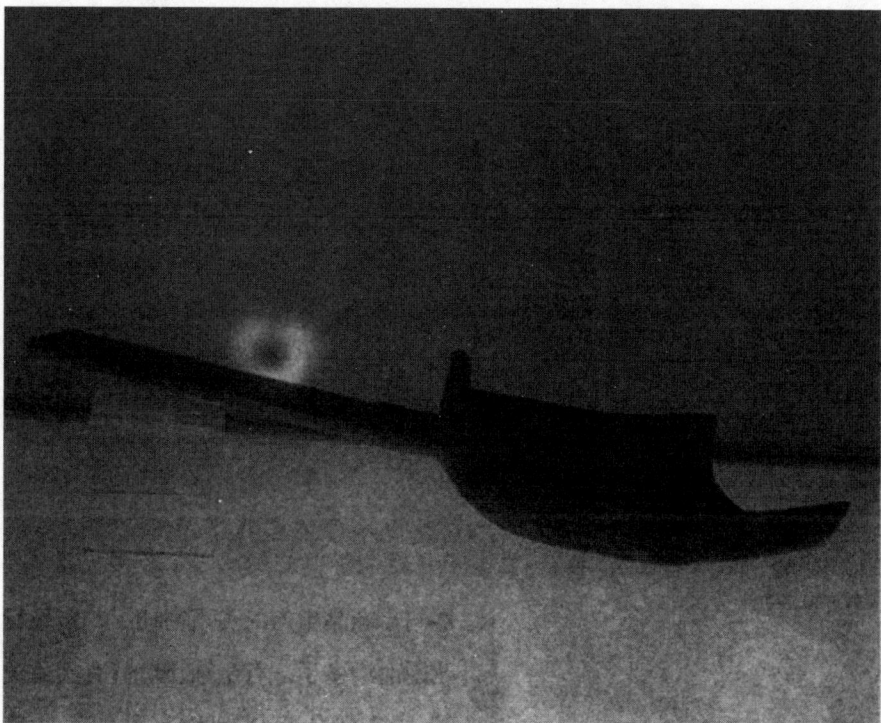

春秋战国之际，铁具已普遍使用

了重大的发展，主要表现为冶铁业的兴起，铁器在生产中已经普遍使用。新中国成立后，战国晚期的铁农具和其他铁器大量出土，遍及辽宁、山东、山西、河南、陕西、湖南、四川等省，多达二十几处。

地区之间商品交换大大扩展起来。许多地方都有自己的土特产，当时的文献《禹贡》罗列了各州的物产，都是各州出产最多、最好的产品，反映地区商品流通已有了必要的基础。城市市场的发展与小商品生产的关系密切了，市场

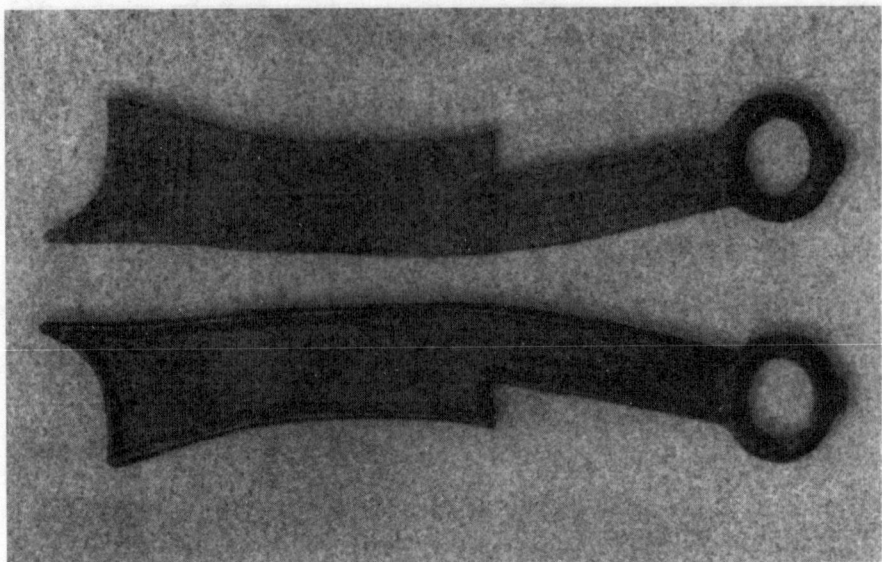

战国齐国三字刀

行业因而增多了。有金铺、鞋铺；有卖兔子的、卖茅草的；有屠狗的、有卖酒的。一些独立的手工业者开始注意保持商品质量，以利竞争。为了在竞争中取得优势，他们开始注意技术保密。宋国有人"善为不龟手之药者"，有人出百金要买他的处方，这家手工业者认为世代干这活所得不过数金，现在一下可得到百金，很划算，便把方子卖给了他。

市场交易的频繁，必然产生对货币的大量需要，并且促使铸币制度走向成熟。战国时期，我国存在几种不同的货币体系。它的特点是以铜币为主，杂以金、玉、布、帛、贝币、铜铸币，概括起来可分四种：刀币，起源于东方渔猎区和手工业较发达地区，是以一种刀子演化而来的，流行于齐国；布币，原是一种农具，起源于西北农业比较发达的渭水、汾水流域，流行于秦、燕、魏、赵境内，但燕、赵与齐接壤地区刀币、布币并行；圜钱，古代民族都有制作石环的习俗，圜钱很可能是由纺轮演变而来，又称泉，意思是像泉水一样，畅通无阻，战国末年，除楚以外，其他地区都采用圜钱了；楚币，有两种形式，一种是扁平的黄金小方块，俗称"金饼"，一种是蚁鼻钱，即铜贝。此时，关市赋税已成为诸侯国财政收入

战国"襄坪"方足布币

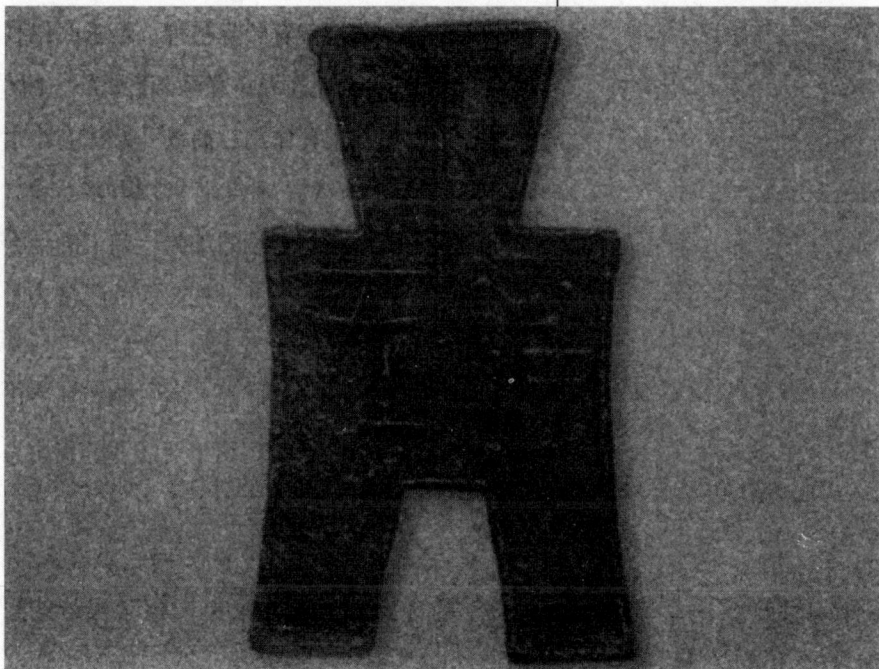

战国楚国"郢爰"金币

的重要来源。

商业发展到战国末期,各地贩运商大增,他们富有冒险精神,追求高额利润,在沟通地区经济联系,开发落后地区方面起到重要作用。商人开始掠夺小生产者,垄断盐铁,积累了巨额财富。随着商人资本经济力量的加强,商人的社会地位也相应提高。但是商人的经济力量和政治势力的加强客观上又侵犯了地主阶级的利益,这使双方不可避免地产生了矛盾。此外,战国诸子对商业的肯定态度和对商业理论的建设大力推动了我国古代商业的发展。但是商鞅"重农抑商"的观点对商业发展也产生了深刻的影响。

（二）秦汉大一统时期的商业

公元前 221 年，秦始皇消灭了六国，建立了中国历史上第一个统一的、全国性的封建王朝——秦朝。统一后的秦朝虽然只存在二十八年，但这个中央集权的封建国家却揭开了中国以汉族为主体的长期统一的封建国家的历史序幕。秦始皇统一后所采取的一系列的统一的政策措施，对建立国内市场起着十分重要的作用。他废除了过多的关卡，统一了税收，畅通了商路，促使全国经济融为一体。修驰道，通水路，去险阻，发展了全国的水陆交通。统一货币、度量衡、车轨和文字，也在一定程度上促进了商业的发展。

战国秦国"半两"铜范

秦代虽然采取了一系列统一的政策，有利于发展商品流通，但在商业方面，秦代继承了商鞅"重农抑商"的思想。秦朝继续推行盐铁等管制政策；大规模地迁徙六国的豪富到咸阳，以削弱各诸侯国的经济力量；征发有市籍的商人去成边，所谓的市籍是指战国时编入在城邑中居住的商人，他们都是小商人，这些人的社会地位很低，一度被秦王作为征发的对象。

公元前 206 年，刘邦建立了汉朝。汉

西汉鎏金铜饼

初的社会生产力处于被严重破坏的时期。经过了文帝、景帝、武帝的发展，商业呈现出空前繁荣的局面。城市都设有专供贸易的"市"，如长安有东、西九市，市内商肆整齐有序。各民族之间贸易繁荣。货币以黄金和铜钱为主币，到汉武帝时通用五铢钱。一些名都大邑相当繁荣，除长安外，还有洛阳、成都、邯郸、临淄和宛，当时称为"五都"。各地较小的都会，更是不胜枚举。国内统一、开放关卡、减轻赋税、允许自由贩运，地区物质交流扩展起来了。一些以前只有贵族才能享用的奢侈品，现在庶民中的富裕者也能享用了，如丝织品。

丝绸之路开辟后，中国与各国的贸易往来日益频繁

由于内地和边区、汉族地区和少数民族地区贸易往来频繁，促成了中国和外国的贸易往来。在西北，自张骞出使西域后，开辟了著名的商路——丝绸之路，中国的丝和丝织品运到伊朗，再从伊朗运到欧洲的罗马。汉朝与朝鲜、日本、越南也有频繁的贸易联系。中国的丝绸、铜器、铁器和养蚕技术等逐渐传入日本。汉武帝还开辟了海上丝绸之路，最远抵达印度半岛，加强了中国与东南亚、南亚各国的往来。地区之间乃至国内外之间贸易的发展，在经济上和政治上作出了重要的贡献。

汉朝的商业发展中，民间自由商业

较之官营商业更加活跃。在汉惠帝、汉文帝的黄老之术的治理下，商业政策有所放松。随着农业和手工业的发展，民间从事商业的人比战国时期增多了。司马迁在《史记·货殖列传》中提到："天下熙熙，皆为利来；天下攘攘，皆为利往。""用贫求富，农不如工，工不如商，刺绣文不如倚市门。"一些经济发达地区，外出经商的人日益增多，出现了乡土性的贩运商。城市商业发展的繁盛不仅行业繁多，而且发展了居间业和服务业。

两汉时期，虽然商业有很大发展，民间自由商业活跃，但当时商业资本主要是大型商业资本，已经表现出它的落后性。它不仅采取封建的剥削方式，而且与新兴的地主阶级紧密联地结合在一起，依仗封建统治势力，残酷地剥削农民、手工业者和小商贩，而且与古老的、寄生的高利贷资本结合在一起，甚至保留过时的、腐朽的奴隶制剥削。到东汉灵帝时，贩卖官爵更为普遍，贪官污吏因此更多，吏风更坏，富商大贾的兼并更是肆无忌惮了。

汉初，高祖刘邦为了避免社会阶级矛盾激化，推行了抑制富商大贾的政策。具体做法有如下三点：第一，禁止商人在生

两汉时期，商业发展迅速，经济繁荣

活上僭越、破坏封建等级制度，以利于巩固封建统治；第二，征收高额赋税，抑制商贾的利润收入，以防止商业资本膨胀；第三，禁止商人做官，以免商人干预政治，防止封建地主阶级的政权被破坏。此外，为了加强中央集权的力量，在统一天下后，把各地的富商大贾和六国贵族后裔以及大官僚都集中到首都附近的陵园，以削弱地方政治势力的经济矛盾，加强对北方匈奴的防御实力。

但是这样并不能遏制商业资本的膨胀。为了恢复和发展生产，汉朝对盐、铁

汉武帝即位后，采取了一系列抑商政策稳定经济发展

等关系国计民生的重大产品的生产实行开放政策，允许自由生产和运销。孝文帝五年，关系国家命脉的铸币权也在私人手中，使富商大贾的财富不仅没有受到限制，反而膨胀起来，兼并势力不仅没有抑制反而扩张了。

汉武帝即位之初，开始改变过去"无为"的治国方略，解决中央集权与地方割据的矛盾，汉王朝与少数民族之间的矛盾以及改革财经管理等问题。在边事连绵、大兴水利、灾害频繁、财政负担重的情况下，汉武帝采取了严厉的抑商政策。具体措施有：第一，改革币制，把铸币权和发行权收归中央政府，打击了地方的割据势力和兼并势力；第二，发配有市籍的人如商人及其子孙去戍边；第三，增收各种税款来增加财政收入，如营业税、车船税；第四，实行盐铁官营；第五，实行均输法，由中央政府在各地设立均输官，把各地供输的物品接纳下来，不必远道运到京师，而由均输官把这类货物送往需要它们的地方买卖；第六，由中央政府在京师设置平准官，接受各地运来的货物，以防止商贾囤积居奇；第七，实行酒类专卖，由官府卖酒。汉武帝的这些政策使得官营商业有很大的发展。然而到了西汉后期，这些政策不是废止就是已变质，封建政权日趋保

酒坊

隋代实行均田制

守、腐化，与豪强兼并势力同流合污。贵族、大地主、大官僚和富商大贾紧密联合在一起，社会矛盾日益激化，封建统治发生了危机。而在东汉，各种政策的实施表明其政权已经不再抑制富商大贾了。法律上也没有西汉那种贱商的规定。到了东汉末年，大商人依托宦官势力，从仕途出身的集团那里夺得了一批官职。汉灵帝时公开卖官，商人、地主和官僚三方结合更加稳固。在贵族、大官僚、大地主和大商人的兼并下，大批农民、手工业者、小商贩和贫苦的债务人沦落为豪强的奴仆、婢妾、半农奴、部曲（私家武装力量），兼并势力逐渐成为割据势力，东汉政权在这种情况下瓦解了。

（三）隋唐时期的商业

581年，隋文帝杨坚夺取了北周政权，建立了隋朝，不久消灭了南方的陈朝，统一了中国。隋朝的统治虽然短暂，但却为唐朝的繁荣发展奠定了基础。隋文帝在政治经济方面做了一些进步的、积极的改革，包括职官制度、府兵制度、科举制度、刑法等，并继续实行均田制。在赋税方面也一再减免某些地区若干年的租税等。整顿了户口，增加了自耕农人数，减轻了农民

隋代青瓷双层重圈纹杯

所承受的剥削。在这种情况下，小农经济的积极性有所提高，手工业也相应地发展起来，市场日渐繁荣。隋朝对盐、酒都采取开放政策，废止专卖。隋文帝时，商品流通和商业都有所发展。但到隋炀帝时，由于骄奢淫逸，暴虐苛征，生产遭到严重破坏，商品流通和商业遽然中衰。这时，商业主要掌握在大官僚手中。官僚不仅经商还和富商大贾勾结在一起。在征讨高句丽的战争中，炀帝一再向商人富贾大量征发，要他们出钱买马和驴，一匹马价格高达十余万，致使富商大贾也破产了，商业一落千丈。广大人民走投无路，只能起义以抗暴政。刚刚统一了南北朝的隋朝就这样结束了。

618—907年是中国封建社会空前繁荣的唐朝统治时期。从开国到安史之乱爆发前是唐朝的鼎盛时期，出现过历史上有名的"贞观之治"和"开元盛世"。安史之乱后，藩镇跋扈，出现了割据局面，使封建经济发展受到阻碍。总的来说，在唐朝，市场和商业空前繁荣起来。

唐代以前，我国的城市基本上是政治中心和经济中心的统一。唐以后，出现了政治中心和经济中心的分离，如扬州和成都。唐代商人的足迹遍及全国。交通要道上有接待客商的私家店肆，备有"驿驴"，供客商骑用；运河、长江上商船往来不绝。"开元通

大唐芙蓉园

开元通宝成为唐代通用货币

宝"成为通用的货币，后期的货币都以它为范式。唐的市场较前代更为发达，城市里有固定的贸易场所——市，市中有邸店和柜坊，柜坊是我国最早的银行雏形，这比欧洲地中海沿岸一带的金融机构要早六七百年。一些繁华的大城市里有了夜市，广大农村和偏远地区有定期举行的早市。唐政府允许外商在境内自由贸易，因而胡商遍布全国各大都会。古代商业的发展一般从商品种类的增多、市场的扩大、商人的活跃、交通的发达、货币的种类、城市的繁荣等方面表现出来，海外贸易也是商业发展的表现之一。唐朝时扩建的长安城，整体设计合理，建筑规模宏大，体现了城市建筑的高超技术。

此外，唐朝还有发达的水陆交通，商人足迹遍布全国；城市经济发达，管理严格、规范，市场的买卖有严格的时间和地点限制，有"日中为市"的规定，唐中期以后出现了夜市；城市十分兴旺，长安和洛阳是当时全国的政治、文化中心，也是全国的商业大都会，唐中期以后，长江流域的成都和扬州成为经济中心，经济地位超过了长安和洛阳。

对外交通发达，海上和陆路"丝绸之路"并进，与西亚、南亚、东亚和东南亚国家有密切的交往，并与欧洲和非洲国家

古都洛阳

有贸易联系；唐朝政府实行开放的外交政策，鼓励外商到中国贸易。

（四）宋代商业

960 年，宋太祖赵匡胤取代了后周，建立了北宋。他死后，即位的宋太宗基本统一中国，北宋时期，商品流通比唐代有很大的发展。进入市场的产品在数量和品种方面都大量增加。就数量来说，淮南、荆南、福建及四川诸路，每年上交给政府专卖的茶叶就多达 1400—1500 万斤。北宋时期，十万户以上的城市较之唐代的十几个增加到四十多个。其中最繁华的是首都汴梁（因为长安、洛阳多次遭战争的破坏，所以汴梁成为全国商业最繁华的城市）。当然人口增加不等于商品需求量增加，关键还得有货币收入。北宋时期，农民出售副业产品有所增加，住在农庄里的地主为了满足自己的奢侈生活，也要出售一部分他们掠夺的剩余产品，因此居民的货币收入增加了。

唐以前的城中，"坊"和"市"是明确区分的。坊是居民区，市是买卖所在地，店铺集中在市区内，买卖要在市区内进行，交易有一定的时限，必须遵守政府法令，接受政府官员管理。而到了

汴梁不夜城

开封府

北宋，城市规划已突破了坊和市的界限，不仅夜里不关闭坊门，而且坊还可以临街开门，坊中也开设有商店。买卖已不再局限于市区内，营业时间也不受限制。在汴梁，大街上到处有商店，从宫城正门宣德楼起，以跨汴河的州桥为中心，东到旧宋门，西到浚仪桥西开封府，南到旧城朱雀门一带，不仅有官衙、寺院、馆驿、大官僚的住宅，而且有许多经营不同货物的商店。商业不断渗入居民区，成为城市经济生活的重要组成部分。在宋代，多数的同类商店的设置还是聚集在同一个地点的，称为行。市场的分工更加细致，各行内部又有细分，如饼店就有油饼店、胡饼店之分。

北宋地区贸易有了进一步发展，不仅毗邻地区、大的区域之内贸易往来增多，而且南北交流也大大加强。当时南方的土特产品和手工业品大量运销到北方和其他地区。山东的密州，成为南来货物的一个重要中转地。在北方，当时可以见到江浙和四川的纸张，江淮和沿海的水产、南方食品、糖和丝制品，各种席、扇等日用品。

对外贸易也有新的发展。在国内商品流通发展的基础上，政府实行鼓励通商的政策。这时的对外贸易发展主要是海上贸

南方的丝绸等日同品通过贸易往来运销到北方地区

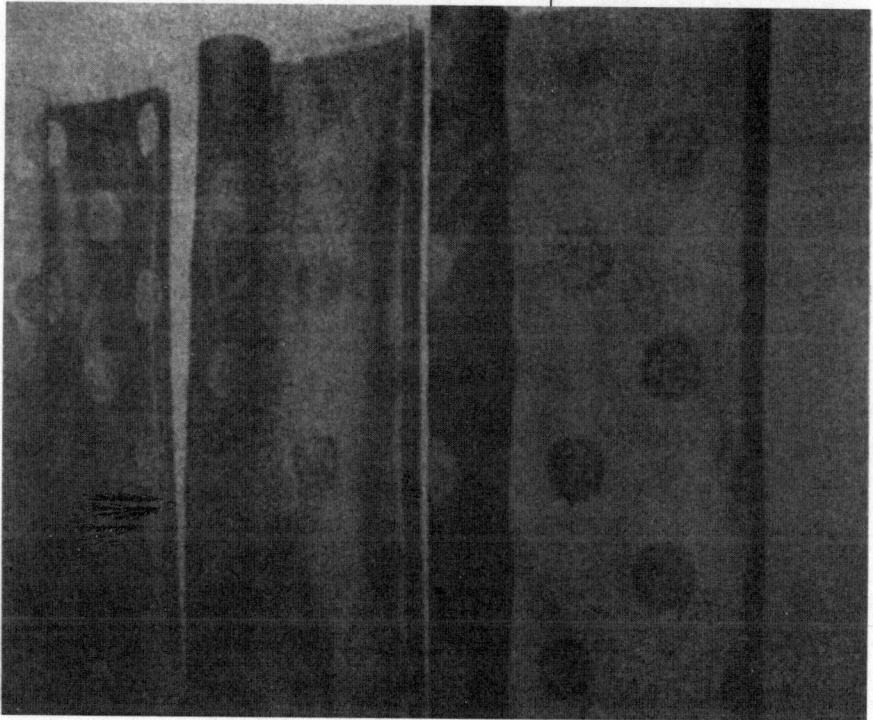

北宋时期，内河航运成为货物运输的方式之一

易。政府最先在广州设市舶司，当时居住在广州的外商也很多。与北宋有外贸关系的国家多达二十多个，多为东南亚诸国和阿拉伯国家。东面与朝鲜和日本贸易往来也很频繁。当时出口的物品以金银、缗线、丝织品和瓷器为主，进口则是以香药和其他奢侈品为主，如象牙、珊瑚、琥珀、玛瑙、水晶等。

北宋时期，商品市场流通之所以能够全面发展，除了由于经济本身发达这个根本原因以外，商品运输条件的改善也是重要原因。此时，无论是陆路交通还是水路交通都有很大的发展。陆路交通以汴京为中心，东西南北都有驿路。驿有驿站，驿舍所在地有客店等。水路交通主要是内河航运。此外，各地商品都是通过漕运路线抵达京师或运往别处的。除了内河航运外，宋代商运还利用沿海航运。

商品流通决定着货币流通的发展，但货币流通反过来又是商品流通正常发展的必要条件。北宋的币制仍以铜铸币为主，一些地区盛行铁钱。由于商品流通量迅速扩大，因此货币需要量猛增，铸币量也就急剧增长，每年的铸币量平均要比唐代多二十倍。从北宋开始，我国才真正流行年号钱。

由于社会商品流通对货币需求量猛增，造成铜钱缺乏。由于铁币不适合作为流通货币。这种情况下，在民间早已存在的"交子"广泛流行起来，成为世界上最早的纸币。交子原是商人私自发行的一种类似本票的钱票，它是在信用关系的基础上孕育出来的。仁宗时，官府开始发行交子，在益州设立了交子务。然而这种不兑现的钞票一再贬值，激起物价大涨，给商品流通带来了很大的破坏作用。直至停铸铁钱，变大铜钱定价后，物价才恢复平稳。

北宋时期的官营商业采取专卖制度。盐、茶、酒等商品流通成为北宋最主要的

王安石像

财政收入。

北宋王朝从建立起就陷入民族矛盾、阶级矛盾和统治阶级内部矛盾之中。神宗即位后，立志改革，起用王安石辅政，从政治、经济、军事等方面进行不同程度的改革，力图缓和农民和地主阶级的矛盾，以解决社会危机，史称"熙宁新政"。在经济方面的矛头是针对富商大贾，主要的变革措施有：均输法，市易法，免行钱，青苗法。这些办法抑制了兼并势力，鼓励了农民的生产积极性，增加了封建国家的财政收入。但是，这些做法损害了保守派和封建富商的利益，遭到他们的强烈反对，最终导致变法失败。

女真族深入中原，北宋被迫迁至江左

王安石变法失败反映了北宋时封建保守势力的顽固和强大。

北宋时期，东北地区的女真族开始崛起。徽宗政和五年，女真族杰出的首领完颜阿骨打称帝建立了金国，建都会宁（今黑龙江阿城）。1127年灭了当时腐败不堪的北宋王朝，深入到中原地区的黄、准流域。北宋被迫迁移至江左，史称南宋。

南宋虽偏安一隅，但这里却是全国经济最发达的地区。在农业与手工业发展的基础上，商品生产又有所扩大。南方的商品消费有了明显的增加。不仅城市消费人口增加，而且农村中大量农民失去土地，沦为佃户；他们为了维持生活，也想尽办法来购买商品。

为了顺应市场的需要，小商小贩大量增加。杭州城内，到处有摊贩或流动商贩，各色杂货应有尽有。南宋李嵩的名画《货郎图》真实地描写了当时小商贩走街串巷的辛苦和他们受到群众欢迎的情景。在各重要城市，商人不仅贩运土特产和奢侈品，而且日益深入到商品生产地进行购销。商人深入粮食产地，哪里丰收就到哪里收购。城市商业店铺鳞次栉比，出现了许多有名的老店。这类名铺在《梦粱录》中列举了许多。

饮食业和服务业有了进一步的发展。临安城到处设有茶坊、酒肆、面店、果品、

南宋李嵩《货郎图》

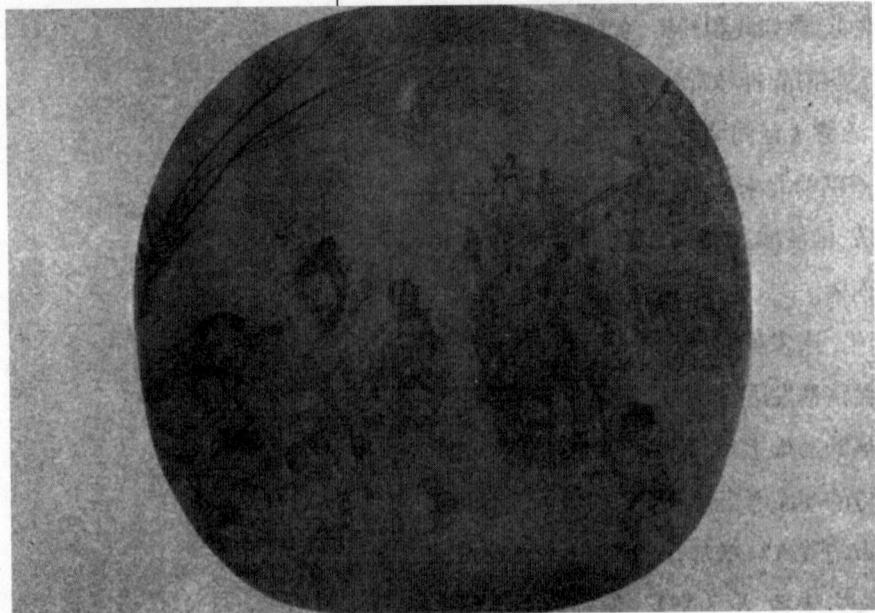

香烛、食米等铺。买现成的饮食十分快捷。修鞋、磨剪刀、打扫大街、修扇子等个体服务者出现于大街小巷，如有需要便可唤之。

南宋的商税名目繁多，在正税之外又有许多附加税。杂税不是商品流通和商业发展的表现，而是统治者剥削广大劳动人民的体现。

（五）元代商业

1271 年，忽必烈改国号为元，以燕京为大都，蒙古族入主中原。元代的商业在商品流通的基础上有所进展，不过发展得相当畸形。官营商业垄断市场，控制对外贸易，而在私人经营中，贵族、官僚、大僧侣和色目人占优势。

在私人商业中，依仗封建特权而操纵市场的，首先是蒙古贵族和大官僚。他们违法犯禁，无所不为。虽然朝廷屡下禁令，但无济于事。其次是僧侣道士。元朝政府并不制止僧侣道士经商，只要他们不犯法，照章纳税就行，实际上是支持他们经商。第三是色目商人。元朝统治者采取严重的民族歧视政策，把人口分为尊卑悬殊的等级：最高级的是蒙古人；其次是色目人，包括契丹人、女真人和西域人；第三是汉人，即北方的汉人；第四是南人，即南方的汉人。汉人和南人处在底层，不仅劳动者受阶级压迫，而且汉人和南人还要受民族压迫，

元朝政府并不制止僧侣道士从事经商活动

元代统治者搜刮大量金银财物交给富商放高利贷

他们不能自由从事国内商业和外贸活动，受到种种限制和禁令。但对色目商人则给予种种优待，使他们在经营中得以享受种种封建特权，把握商业霸权。色目人大肆从事商业高利贷活动。他们富有国内外贸易经验，能够帮助蒙古贵族经商，牟取暴利。他们替蒙古贵族放高利贷。元代统治者把搜刮到的大量金银财物交给色目富商放高利贷，一年利息与本金相等。尽管政府也规定过利息为三分，但不过是一纸空文而已。色目人为蒙古统治者大量搜罗奢侈品，用贡献奇珍异宝的方式来笼络他们，以满足他们穷奢极侈的需要。

元代交易的物品集中于金
银珠宝等奢侈品

在这种情况下，商业发展就很畸形。经营的商品中民生必需品增长不多，交易物品集中于丝、罗、锦、缎、绸、绢、金银、珠宝、皮毛等贵族、官僚、豪富所享受的奢侈品。不仅如此，富商大贾从事人口贩卖的也很多。蒙古统治者入主中原以后，大量劫掠平民为奴，即使灭宋以后也有增无减。一些军事将领，大量掠卖平民到北方，大商人也贩卖良家子弟至北方为奴。在商业的畸形发展中，同业组织——"行"的作用更突出，在应付官府需要方面负担更重，而在维护同业利益的封建排他性更强烈了。与行业组织加强同步并行的是牙行作用的加强。牙人（旧时居于买卖人双方之间，从中撮合，以获取佣金的人称为牙人）成为官府控制的中介人，并发展为封建官府监督买卖的爪牙。

元代不仅有占优势的官办工矿业，同时还有占优势的官办商业和占垄断地位的官办对外贸易。元代官营经济事业的负责人有回族人阿合马，汉人卢世荣等，他们都是大商人出身。其中阿合马不仅自己经营商业，兴办矿冶业，铸造铁农器、铜和锡器等，而且还制定了盐、茶、酒、药材等专卖制度。卢世荣出身山东富商，对元代官营事业做了系统的建设，缓和了高利贷对农民的剥削，确保有充足储粮可调剂供求，平抑粮价，征收全市的不当经营，调整商税。他改革币制，增加国家财政收入，收缩通货，恢复民间金银自由买卖。他还建立外贸机构，选择海商入海贸易。

元政府除了通过官营商业榨取民众外，还通过商税横征暴敛，搜刮民膏。元代的权势之家和僧侣道士、色目商人，不仅挟势经商，而且还抗税、偷税、漏税，包庇商人逃税。结果既影响财政收入，又加重一般商人的税收负担，最后又转嫁到百姓身上，不仅阻碍了正常

元朝制定了盐茶酒等专卖制度

的商业发展，而且陷人民于更加悲惨的境地。

总之，元代的阶级矛盾在土地集中、地主阶级残酷剥削下越来越尖锐。元政府的官营商业和商税又加深了这种矛盾。而阶级矛盾的尖锐化又与民族矛盾交织在一起，因此，就不可避免地要爆发农民起义，以推翻元朝的统治。

（六）明代商业

元代末年，爆发了轰轰烈烈的农民起义，推翻了元朝的封建统治。朱元璋领导

朱元璋领导农民起义推翻元朝统治，在南京建立了自己的政权

农民起义军统一了中国，重新建立了由汉族地主阶级掌握的政权。1368年，明朝在南京建立。

明代以后商业贸易已经接近人民的日常生活，商品经济开始侵蚀自然经济，农民和市场的联系开始逐渐密切起来。明代国内市场广大，大量农产品和手工业品投放市场，区域间长途贩运贸易发展较快。明成祖时，在元大都的基础上营建了北京城。北京和南京是全国性商贸城市，全国还出现数十座较大的商贸城市。商品经济向农村延伸，江浙地区以工商业著称的市镇蓬勃兴起。

在国内市场显著变化的条件下，地区商品流通已不单纯以贩运贸易为限，日益增多的是商品生产的发展突破当地市场的局限行销全国。生产资料行销的范围扩大了，日用手工业品销售地扩大，距离更远了。主要是丝织品的销售，著名的丝织品地区有湖州、杭州、广东。地区间粮食流通量明显增多，已不仅是地方内部的品种和余缺调剂以及供应当地城镇人口的需要，而且满足商品生产发达地区的需要，例如沿海商品生产地区的需要。

由于商品生产和商品流通的发展，给

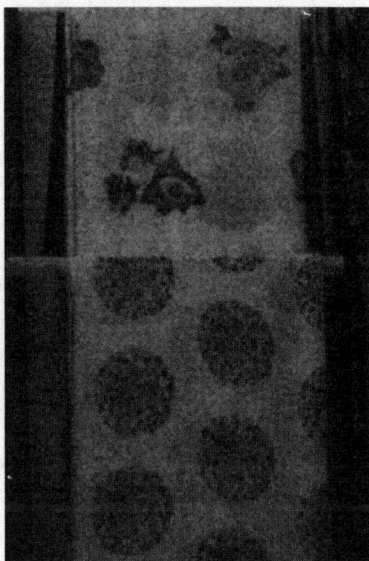

丝织品贸易在明代时期日渐繁盛

商业开拓了比较广阔的活动场所，从事商业活动的人大大增加，对商业部门的投资也明显增多。由于封建剥削加深，赋税沉重，大量农民丧失土地，成为游民。在商品经济增长的刺激下，许多人转而从事商业活动。封建社会的富裕阶层，包括地主、富农、高利贷者和官僚等，也有一些人把财富投资商业，成为商人资本。

明初，官僚不准经商，尤其是禁止四品以上的官员经商。虽然有些官僚尤其是东南沿海一带为官者暗中也从事商业活动，但这是不合法的，是不敢公开的。而到了明中叶，官僚经商比较普遍，不论大官、小官，还是文官、武官，就连皇帝、贵族、外戚都抢着做买卖，经营手工业工厂。明中叶后，出现了一些重视商业的政治家、思想家，如徐光启、李贽、许孚远等。在徐光启的思想中，反映了许多保护商人权益的要求；李贽坚持要封建政府减税以"惠商"；许孚远坚持反对"海禁"，要求进行海外贸易。

1405年（明永乐三年）7月11日明成祖命郑和率领庞大的由二百四十多艘海船、二万七千四百名船员组成的船队远航，访问了三十多个在西太平洋和印度洋的国

郑和像

我国古代商业发展概况

家和地区，加深了中国同东南亚、东非的友好关系。每次都由苏州刘家港出发，一直到1433年（明宣德八年），他一共远航了七次。郑和下西洋，与亚非三十多个国家直接贸易，最远到达非洲东海岸和红海沿岸。郑和下西洋发展的海外贸易包括朝贡贸易、官方贸易和民间贸易。郑和作为明朝的使者，每到一地，都代表明朝皇帝拜会当地国王或酋长，同他们互赠礼品，向他们表示通商友好的诚意。郑和还同各国商民交换货物，平等贸易，购回当地的特产象牙、宝石、珍珠、珊瑚、香料等。

明朝中后期，随着农业和手工业的

郑和航海路线图

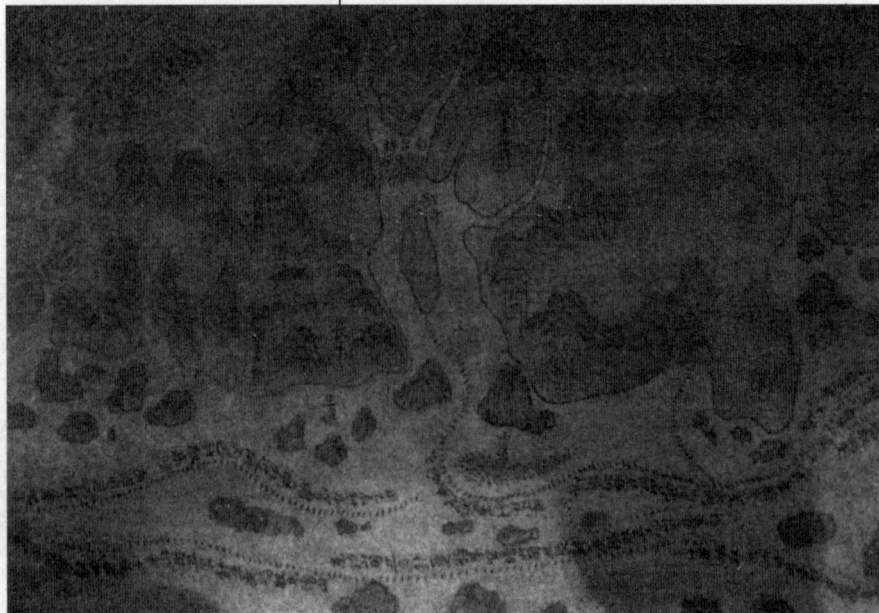

郑和下西洋时的宝船

发展，商品经济空前活跃，在江南一些丝织业发达的城市如苏州，在丝织行业产生了资本主义生产关系的萌芽；在对外通商问题上，明初是厉行"海禁"的。到明朝中叶，中央政府内部出现了两种截然不同的主张，斗争相当激烈。以朱纨为中心的一派反对对外通商，由此遭到沿海地主阶级的反对，朱纨一派最后失败。这说明随着商业资本的日益发展，商人的社会地位上升，商人和地主在明政府内部已有了自己的代言人，代表通商利益的官僚、地主在政治上已经形成一种强大的力量。

明朝中期以后，以生产商品为目的的

明代中后期，江南纺织业逐渐兴起

纺织业逐渐兴起，并在江南一些地区发展成为独立的手工工场。如苏州出现以丝织为业的机户，开设机房，雇用机工进行生产。机户和机工之间的雇佣关系是资本主义性质的生产关系。

明朝中后期，在江南的一些生产部门，稀疏地出现了资本主义萌芽。在我国古代，经济远比西欧各国发达，进入封建社会的时期也比这些国家早得多，因此商品经济的发展水平较高。但是我国封建社会持续时间长，商品生产没能按照正常的速度发展到应有的规模。直到明代，我国封建社会才逐渐解体。封建生产关系越来越成为社会生产力发展的严重障碍。封建社会内部滋生了资本主义的萌芽。资本主义萌芽就是在封建社会内部以剥削雇佣劳动为内容的资本主义生产关系的产生和发展，但它只处于萌芽状态。明末，这种萌芽已在东南某些手工业部门中零星出现，在农业中也有了这种现象。农业中开始有了若干从小商品经营者中分化出来的富农，在封建地主中也出现了经营地主。雇佣劳动在吴江、华亭、湖州、江阴、扬州、嘉兴等地均可见到。

明中叶，商人资本的经济力量增强，

使得商人的社会地位提高。社会上对商业作用的评价也有所改变。新兴市民阶层的地位和大商人的政治地位有所提高。政府中出现商业资本的代言人。

明末，封建政府变本加厉地对商业进行压制和掠夺。这种做法加剧了社会矛盾，激起了民变。以中、小商人和手工业者为主体的"市民斗争"开始出现。其中规模最大的是反抗天津税监的马堂案，当时参加斗争的人多达三十余万，声势浩大。这些斗争在不同程度上显示了商人反封建的力量。明朝发展到此，土地空前集中，封建社会内部地主阶级和广大农民之间矛盾极其尖锐。封建社会内部已经孕育了资

明末，封建社会走向没落，资本主义出现萌芽

本主义的萌芽，没落的封建社会开始走向崩溃。

（七）清代商业

明崇祯十七年（1644），李自成攻入北京，宣告了明王朝的覆灭。但吴三桂勾结东北满族贵族，引兵入关，镇压了农民起义，取代明政权而统一了中国。满族贵族建立了清王朝。清王朝的统治者在最初的征服中，曾采取了残酷的镇压、屠杀、奴役和掠夺政策，使社会经济遭到严重的破坏。国内经济瘫痪，财政收入困难，阶级矛盾和民族矛盾尖锐。清王朝不得不改弦更张，放弃虐杀和劫掠政策，实行一些缓和阶级矛盾和民族矛盾的办法，以恢复

明末，李自成率领农民起义军攻入北京城，明朝灭亡

生产，巩固政权，加强剥削。

到了康熙和乾隆年间，在国内市场商品流通扩大的基础上，商业和商业资本有了新的发展。这和清政府的商业政策是分不开的。这主要表现为减轻商税。康熙、雍正以来实行"摊丁入亩"的赋税制度，废除了人头税，工匠代役银也归入田赋之中，这就有利于农业和手工业发展，为商业的发展创造有利条件。乾隆时减免关税的次数比康熙、雍正时还要多，其中免税商品主要是粮食。大力整顿地税、关税，减轻了零售商人的负担，有利于零售商业的发展。

鸦片战争以前，中国出现了一批大型的商业资本。当时的中型商业资本为几千两银子，小型商业资本为几百两银子。商业资本所积累的巨额财富，除了扩大经营以外，已有一部分投向生产，为资本主义因素的发展提供了必要的历史前提。

资本主义在清朝时有了缓慢发展，范围扩大，部门增多，手工工场的规模扩大。分工更细了，具有资本主义萌芽的部门和地区增多了。但它始终在萌芽状态徘徊，整个生产始终未能进入工场手工业阶段，其力量远不足以分解封建生产方式，在全国范围内，自然经济仍

大清银锭

清代，商人的社会地位进一步提高

占主导地位。清朝统治者实行闭关政策，一方面禁止国人出海贸易，另一方面限制外商来华贸易；中国的出口商品仅占市场商品总量的3%左右，对外贸易在整个经济中的份额极小，难以促进工商业的发展。

清朝商人的社会地位进一步提高。商业行帮势力大增，代表这些社会力量的商人组织大批涌现。行会、会馆和公所对内仲裁同业的纷争，避免恶性竞争，规定统一的市场交易规章制度和买卖价格，肯定交易习惯、监督度量衡等。对外则保护本帮口同业者的利益，缓和商人和封建政府之间的关系。商人势力的增强和商人组织的大批涌现有利于商人开展反封建的斗争。康熙年间，为了减轻赋税，商人们罢市三日，这说明商人与封建统治的斗争已经到了公开的地步。

鸦片战争后，中国进入了一个社会大变动的时代，城市的发展也深受影响。《南京条约》规定在东南沿海开辟广州、厦门、福州、宁波、上海五处通商口岸。这一时期，原有的商业中心广州和新兴的上海商业贸易最为兴盛。上海位于中国海岸线的中点，是进出长江流域的门户，水陆交通便利，周围物产丰富，商品经济发达，市场广大。到 19 世纪 50 年代，贸易中心逐渐由广州移到上海。《天津条约》和《北京条约》规定增开汉口、九江、烟台、南京、镇江、汕头、琼州、天津等多处通商口岸。与此同时，英、美、俄等国商人在香港、广州、上海、汉口、九江、福州和厦门等地开设了许多船坞和工厂。19 世纪 90 年代，《马关条约》又规定沙市、重庆、苏州和杭州为商埠，列强还取得了在内地开设工厂的特权。19 世纪末，列强在中国大量修筑铁路，建立厂矿企业。民族工业兴起和发展时期，中国城市发展又出现了一些新的变化。洋务运动时期，洋务派在沿海地区、

古漕运码头的繁荣景象

天津最早起源于漕运

长江流域和上海、天津等地开设了许多军用和民用企业。随着19世纪六七十年代中国资本主义工业的兴起与发展，民族资产阶级在上海、广东、天津等沿海地区兴办了许多民族工业。20世纪初，民族资本主义进一步发展，此时的民族工业主要集中在东南沿海地区、长江流域及平津地区。纺织中心也由长江下游的上海等地向北向西发展，天津、青岛、武汉等地成为新的纺织中心。

1911年孙中山领导资产阶级革命派推翻了清政府。至此，持续了两千多年的封建统治结束了。

二　商人文化

随着商业竞争日趋激烈，商人间的群体组织开始产生

（一）商人的组织

随着商品经济的发展，商业竞争日趋激烈，商人开始以群体的力量参与竞争，商人群体组织随之产生。最初的商人组织是与商人的自然组织宗族亲缘组合而成的。亲缘组织进一步发展为地缘组织和业缘组织。相对而言，商人组织不断发展。因为亲缘组织、地缘组织具有不可选择性，而业缘组织大多具有可选择性，属于自由加入的志愿社团。亲缘组织、地缘组织向业缘组织的发展是社会发展的必然趋势，也是商品经济发展的必然结果。但这三种关系并不是取代关系。由于浓厚的血缘和地缘色彩是中国社会的重要特点，因此几

我国古代的商人组织以家族为单位
的经营模式最为常见

乎所有的商人业缘组织乃至近世晚期的跨
行业组织——商会，都不同程度地打上了
亲缘和地缘的烙印。

下面介绍一下商人组织的发展。

1. 商人的亲缘组织

家庭是社会的基本细胞，也是社会最
基本的经济单位。自古以来，我国的商
人就是以家庭为单位经营商业的，这种
家庭的经营以父子、兄弟之间的合作最
为常见。明代中叶，随着商品经济的繁荣，
商业竞争更为激烈。商人在经营活动中
仅仅依靠家庭的力量已不足以参与较大
规模的竞争。于是宗族亲缘组织在商业
经营活动中开始发挥越来越大的作用。

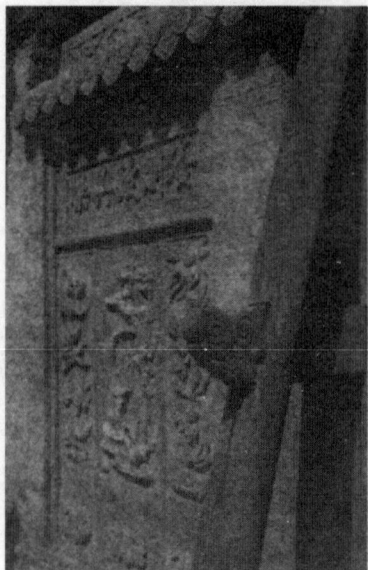

由家庭到宗族，商人组织的
竞争力大大增强

宗族是指血缘关系明确、存在经济联系并通常同居一地的父系组织。宗族有大有小，类型多种多样。典型的宗族一般有宗祠、族田、族规、族学、族武装、族墓地等，并常与地缘结合而出现单姓村。宗族血缘圈使家庭扩大，具有极强的凝聚力。借助宗族势力经商，能大大增强商人的竞争力。

借助宗族势力，商人可以获取资金和人力上的支持。徽人经商的原始资本大多与宗族有关。只要做官的有多余的俸禄或者是经商的人有多余的资金，往往资助族人经商。此外徽商所雇用的伙计大多为族人，因为最能得到信任的伙计自然是族人。由于宗族势力在资金与人力上的支持，使徽人经商之势经久不衰。徽人善贾，在社会上是很有名气的。

封建商业的掠夺本质就在于通过贱买贵卖攫取商业利润。在各地市场上，坐贾为实现贵卖展开竞争。要最大限度地提高利润率，只有排斥竞争，建立垄断。徽州坐贾对地方市场的垄断是从两个方面完成的：第一，控制城镇市集的全部贸易；第二，把持某一行业的全部业务。

垄断是在宗族势力全力支持下建立

的。徽人外出经商，在城镇市集落脚后，其族人随之而来，其乡党也随之而来。大量徽商涌入同一集镇，造成人力、财力上的优势。他们的竞争策略是族人乡党从事同一行业，凭借雄厚的资本，采取统一行动，降低典利，挤垮本薄利高的一帮商人。除了稳定下来的坐贾之外，徽州富商大贾周游天下，西藏、台湾、东北、闽粤乃至海外都有他们的足迹。行商的利润是由同一商品贱买贵卖所造成的差额以及剥削运输工人所得的利润组成。行商比坐贾的经营活动要复杂得

徽商故里

多，其利润率高低取决于对市场需求的正确判断和预测，货运周转率，正确估计季节对价格的影响和运输工人的工资数额等等。受这些因素的制约，贩运性贸易的经营方式往往是集团型的。资本越大，组织越严密，竞争力越强，同样得到了宗族势力的支持。15—16世纪以后，中国南部一些商品经济比较繁荣的地区，宗族有了普遍的发展。国内外学者曾对珠江三角洲地区作了研究，指出该地区宗族组织的发展是与商品经济发展同步的。例如在手工业和商业最为繁荣的佛山镇，几乎所有的大家族都经历了共同的发展过程：从事商业、手工业

徽州古城绣球楼

致富后，重视教育，培养子弟读书入仕，建设祠堂，发展族田、商店等共有财产，从而集合族人。借助宗族血缘组织参与商业竞争，是中国近世商人的一个显著特征。

2. 商人的地缘组织

会馆是由身在异地的同乡人所建立的专供同乡人集会、寄寓的场所，也是商邦的地缘组织。会馆的前身是汉代各郡在京师为本郡人所设的京邸、唐代在京师为将吏部署所设的进奏院以及宋代在京师为同乡人所设的朝集院。会馆首创于北京，产生时间是 16 世纪。会馆按会员身份划分为三类：第一，以官吏为

苏州商会文物

山西会馆

主的会馆，它们是同乡的官僚、士绅和科举士子居停聚会的地方；第二类是士商共建的会馆；第三类是以商人为主的会馆。据统计，政治中心北京曾有会馆三百九十二处，其中属于第一类会馆的约占会馆总数的92%。

会馆虽属地缘组织，但兼有业缘和血缘特征。同乡商人在异地往往从事一项或数项相同的行业，由这些商人所建的会馆虽属地缘组织，其业缘特征十分明显。血缘特征则表现为会馆的"会首"制度往往打上家族的烙印。此外，江南会馆实际上还具有"子孙会"的意义，前辈入会可能成为后辈入会的资格。会馆的地缘范围越大，会馆的业缘色彩越浓；会馆的地缘范围越小，会馆的亲缘色彩越浓。

会馆常于岁时令节聚集同乡，共同祭祀本乡本土所遵奉的神祇，以联络乡情。一般在祭祀仪式后，同乡还聚宴。根据会馆所祭祀的神祇即可判断该馆商人所属领域。徽州商帮尊奉乡贤朱熹，江西商帮尊奉乡贤许真人，陕西帮、山西帮尊奉关羽，湖南帮尊奉瞿真人，湖北帮尊奉治水有功的大禹，广东帮尊奉关圣帝君，福建帮尊奉天妃。

商人流落在异乡，难免会发生疾病疴痒，会馆为落难的同乡举办公益事业，向贫病交迫的同乡提供钱财和药物

苏州全晋会馆

清代商人蜡像

救济。为老死异域、无力归葬故土的同乡提供义园、义地，并规定每年春天去祭奠。

商人为摆脱牙人的敲诈，有自身兼为牙人的，然而这毕竟是少数。商人会馆集聚众商力量，援结官宦的势力，逐渐把牙人控制的中间垄断权夺了过来。会馆一般都有自己的店铺、仓库、码头，为本帮商人提供方便。代表众商与官府交涉商业事务，处理仲裁纠纷，融通金钱，制定商业规则等等。此外，会馆还兴办有利于商业的大型工程，如水利设施等。

会馆有董事会的领导机构。加入会馆的商人要缴纳一定的会费，履行规定的义务，遵循会馆的规则，并参加会馆的社交活动、宗教仪式等，这对商人逐步摆脱宗族亲缘圈的局限起着重要的作用。

3. 商人的业缘组织

行会和公所是商人以行业为基础自发或自觉地建立的组织形式，是商品经济发展到一定程度的产物。我国商人的业缘组织早在隋唐便已形成。两宋时期，商人的业缘组织空前发展，但是这些组织都是奉政府之命成立的。

行会、公所在乾隆、嘉庆时大量出现，此时是行会、公所的兴盛期。兴盛的原因

山西平遥古城协同庆钱庄建筑雕刻

有几下几点：资本主义萌芽在乾隆、嘉庆年间再度萌发。国内市场进一步扩大，商业竞争更加激烈。行业间的分工更为精细，商人更为专业化，商人与手工业者矛盾更加尖锐，仅靠亲缘或地缘关系已难以调和行业内的利益分配和利益竞争的矛盾。行会、公所的建立一方面实现了商人和手工业者的分流，各自建立相应的会所；另一面则在更大的行业范围内调节利益分配与利益竞争的矛盾，实现行业垄断。

业缘组织的发展一般是建立在亲缘关系削弱和地缘关系扩大的基础上的。随着商品经济的发展和商人们对共同利益

日升昌票号

的重视，他们的亲缘观念和狭隘的地缘观念日益松弛，而业缘观念逐渐加强，结果不仅原来以亲缘关系为主所组成的业缘组织逐渐变质，而且原来反映特定地缘关系的行会、公所也有不少变为突破地缘的业缘组织。

业缘组织的主要功能是限制本行业内部竞争。行会、公所限制同行竞争的措施有：限制招收学徒和使用帮工的数目，制定同一种手工业产品的规格、价格，限制作坊开设的规模和地点，规定统一的工资等等。在维护本业商人的正常经营活动的同时，增加本业商人的竞争力。为了获得更大利益，行会勾结官府镇压工人的罢工斗争。

商人的组织从亲缘、地缘到业缘的演变，是商品经济发展、商业竞争日趋激烈的必然结果。在商品经济发展的过程中，商人改造着社会，同时也改造着自己。商人组织的演进显示了商人的团体意识的不断强化，这正是近世商人与传统商人的区别所在。

（二）商人文化

明代中叶，资本主义萌芽在中国封建社会内部初见端倪。在文化上出现了与传统礼制相背离的文化——商人文

山西巡抚岑春煊给日升昌送的"急公好义"牌匾

化。近世商人以其雄厚的财力，建设起为自己的经济利益服务，并体现自身的价值观和美学观的商人文化。商人文化熔铸理学并杂糅宗族文化和通俗文化，其所包容的文化内涵是十分丰富的，科技、艺术以至饮食、建筑等，无不包罗其中。

商人文化是商品经济发展的产物，是与资本主义萌芽同质的。它跃动着早期启蒙的曙光，是资产阶级启蒙文化的先导。由于资本主义萌芽的微小脆弱，决定了这种新文化的承载者是商人阶层。由于中国商人的软弱性和两面性，决定了商人文化

老式算盘

先天就缺乏独立的品格。

商人文化的区域性十分明显,由于我国幅员广大,各地经济发展极不平衡,因而商人文化的整合首先在商品经济较为发达的区域进行。各地区商人文化不断整合,相互影响,汇成了中国的商人文化。

商人在获得财富的同时,十分热心于教育,为社会整体文化水平的提高提供了物质基础。商业所引起的社会互动具有文化意义。他们居住在大城市,所得到的信息最快最新,能够走在时代风气之先。商业活动的需求直接刺激着科技的发展。

山西常家庄园一角

经商在外,掌握一些基本的地理水文知识是十分必要的。徽州商人黄汴在经商的生涯中收集各种程图和路引,辑成《一统路程图记》及《北京至十三省各边路图》和《南京至十三省各边路图》两幅程图。书中记述交通要道和里程,并附有各地特产名称,颇有实用价值。可见,商业与地理学科联系密切。

在商人的竞争中,一些行业获得了迅速的发展,例如中医学。以徽州商人为例,徽商经营药材的人很多,为了在竞争中保持优势,他们刻意钻研医药技术。在当时采药、制药、治病一体化的情形下,药铺间的竞争造成了新安医学的兴盛。同时,济世救生也是徽商实现自身价值的一个途径。

此外,商人还编写、刊行了不少商业书。谢国桢的《明清笔记谈丛》介绍了三种商业书,其中有两本可以确定为徽商所著,《五刻徽郡释义经书士民便用通考杂字》《新刻增订释义经书世事通考杂字》。另外还有日本内阁文库所收藏的《商贾要览》,以及安徽省博物馆收藏的《徽商便览》。这些商业书从天文、地理、全国通商所经的里程道路、风俗、语言、物产、算法、书信契约到商业道德等等,几乎无所不包,既具有

源生钱庄正门

实用性，又具有科学性。徽商中一些学贯中西的大学者无不兼顾经学与自然科学的研究，并把自然科学的研究方法和经学的研究方法相沟通，逐渐形成皖派之风。他们在经学研究中采取了深刻、细致、严肃的科学精神和实事求是的科学态度。

脱胎于程朱理学的商人文化具有一定的封建性，其文化内核价值观是与传统儒学的忠、孝相通的。强调商人道德是商人文化的重要组成部分。商人道德中宣扬儒家的"诚笃""诚意""至诚""存诚"。以诚待人，以信接物，以义为利。讲究商业信誉，既有利于商品的销售，

三多堂内景

也易于资本的筹集。关于商人"轻财重义""轻利重义""尤多义举"的记载甚多。

商业道德渗透于商人文化的每一个领域。以反映商人生活的明清小说而言，小说的撰写者的目的主要是宣扬商业道德，以因果报应的方式劝诫商人不要逾越这些道德规范。

商人既有视儒家文化为其道德信条的，也有否定儒家文化的。在实际操作中，往往是两种道德标准杂糅采用。前者更注重长远利益，后者则偏重于迅速求富。他们的共同点是求利。可见，商人文化并不是纯粹的单一文化，而是由多种因素构成

儒商文化是古代商人文化十分重要的一条

苏州全晋会馆内的园林建筑

的，其中有的因素甚至是对立的。不过在传统社会，在社会的流动性较小的条件下，以儒家文化为道德信条的商人道德处于主流地位。

从大文化的角度去看，商人的生活方式，如饮食、服饰、园林、建筑等，都为商人文化增添了新的内涵。

传统文化植根于中国特定的经济结构的厚实土壤中。文化的变革促进了社会的变革，而文化的真正转型则有赖于社会经济的变革和转型。

三 著名商人介绍

陶朱公故里

（一）商人圣祖——陶朱公

助越王勾践灭吴的大智者范蠡，被后世称为陶朱公，堪称历史上弃政从商的鼻祖和开创个人致富记录的典范。范蠡，字少伯，春秋末期楚国宛（今河南南阳）人。他是春秋时期越国的大政治家、军事家和经济学家，中国古代商人的圣祖，《史记》中载其"累十九年三致金，财聚巨万"。

陶朱公很有经商头脑。他根据市场的供求关系，判断价格的涨落，即"论其（商品）有余和不足，则知（价格）贵贱"。他发现价格涨落有个极限，即贵到极点后

就会下落；贱到极点后就会上涨，出现"一贵一贱，极而复反"的规律，这就很符合现代市场规律。

范蠡在商业活动的各个环节都能捕捉有利时机，由此获取了丰厚的商业利润。在进货时，范蠡主张"贱取如珠玉"。当某种商品价格跌到一定程度的时候，作为一名理智的商人，要及时购买，不要期望价格不停地跌下去，以致错过低价进货的机会。此外，范蠡主张在市场需求发生变化之前备好货物，要让货等客，不要让客等货，如此才能满足市场需求，如"夏则资皮，冬则资绤，旱则资舟，水则资车，以待乏也"（《国语·越语上》）。值得注意的是，范蠡的"待乏"不同于囤积居奇。囤积居奇是在商品货源紧张时大量购存，伺机高价出售，以获取暴利，扰乱市场，坑害消费者。而"待乏"是在货源充足，或者是某种商品处于销售淡季时低价购进，待货源紧张或销售旺季时抛出，如此不仅调剂了市场供求，稳定了物价，而且在取得良好社会效益的同时，商人能获取高额利润。范蠡还认为，进货时一定要"务完物"，切实保证商品质量，避免不必要的损失，维护商业信誉。货币增值是商人商业活动的终极目标，而货币只有在流通中才会增值，所以范蠡提出"无息币""财

范蠡成为古代商人的典范

陶朱公财神像

币欲其行如流水"，也就是说，不要停止货币的流通，不要停止商业活动，否则就会白白贻误商机。在商业活动中，范蠡同样坚持多种经营，不拘泥于单一品种。他提出"候时转物"，根据季节、时令变化而转运不同的商品，尽管我们无法知道范蠡经营商品的具体名称，但从"候时转物"推断，其经营范围应是十分宽泛的。

范蠡没有盲目追求厚利，而是采取了薄利多销的办法，"复约要父子耕畜，废居，候时转物，逐什一之利。居无何，则致赀累巨万。天下称陶朱公"。（《史记·越王勾践世家》）"什一之利"的确很薄，

西施与陶朱公像

但范蠡由此赢得了顾客,加速了资金周转,所以同样达到了发家致富的目的。

两千多年来,人们一直奉范蠡为商业的鼻祖,其中的原因除了上述宝贵的经济思想之外,最重要的原因是范蠡能"富好行其德"。商人是逐利阶层,唯利是图是他们的天性,所以历史上向有"无商不奸"的说法。范蠡却不然,他舍弃了越国的高官厚禄,到齐、陶艰苦创业,孜孜不倦地从事农业、畜牧业、水产养殖业、商业,都取得了巨大的成功,其目的不在于赚钱而在于实现自我价值,即向世人表明他不仅能帮助越王勾践打败吴国,而且能亲自从事经济活动,经营致富。正是基于这种考虑,他不为金钱所累,去齐至陶时便"尽散其财,以分与知友乡党";居陶经商,"十九年之中三致千金,再分散与贫交疏昆弟"。更可贵的是,范蠡还不搞垄断,慷慨指导齐国国君在后苑治池养鱼,一年得钱二十万;指导鲁国穷士猗顿赴西河畜牛羊于猗氏之南,十年之间遂成巨富。司马迁深为范蠡这种超然物外的境界所折服,称其为"富好行其德"。

(二)儒商鼻祖——子贡

子贡,姓端木,名赐,子贡是字。他

是孔门七十二贤之一，是孔子的得意门生。善于经商，曾经经商于曹、鲁两国间，孔子说他："赐不受命，而货殖焉，亿则屡中。"意思是子贡不做官而去从商，猜测行情，竟每每猜中。他是七十二子中最富有的人，史称子贡"结驷连骑，束帛之币，以聘享诸侯。所至，国君无不分庭与之抗礼。夫使孔子名布扬于天下者，子贡先后之也"。孔子曾称其为"瑚琏之器"。他利口巧辞，善于雄辩，且有干济才，办事通达。曾任鲁、卫两国之相。

《史记·货殖列传》载其"废著鬻财于曹、鲁之间"。曾自费乘高车大马奔走于列国，说齐、存鲁、霸越、亡吴。儒家

子贡庐墓处

"子贡手植楷"石碑

学说后来得以发扬光大、流传百世，其功甚伟。《史记·仲尼弟子列传》，对子贡这个人物所费笔墨最多，其传记就篇幅而言在孔门众弟子中是最长的。这个现象说明，在司马迁眼中，子贡是个极不寻常的人物。他学绩优异，文化修养丰厚，政治、外交才能卓越，理财经商能力高超。在孔门弟子中，子贡是把学和行结合得最好的一位。

子贡在理财经商上有着卓越的天赋。《论语·先进》载孔子之言曰："回也其庶乎，屡空。赐不受命，而货殖焉，亿则屡中。"意思是说颜回在道德上差不多完善了，但却穷得叮当响，连吃饭都成问题，而子贡不安本分，去囤积投机，猜测行情，却每每猜对。子贡依据市场行情的变化，贱买贵卖从中获利，以成巨富。由于子贡在经商上大获成功，所以司马迁在《史记·货殖列传》中以相当的笔墨对这位商业巨子予以表彰，肯定他在经济发展上所起的作用。

子贡像

子贡在儒家修身、齐家、治国、平天下之间找到了一条成功的道路。这条路具体说来便是从事货物贩卖以谋利。他能够捕捉商机，且坚持人弃我取，贱入贵出的经营策略，从而达到了亦官亦商，亦儒亦商的最高的儒商境界。也可以说子贡是我国历史上最早的儒、官一体的儒商。在当时，商业的地位还是非常低贱的，是那些达官贵人们所不屑一顾的，子贡"下海"的勇气和魄力显然令人佩服。

"己所不欲，勿施于人。""己欲立而立人，己欲达而达人。"内儒外商，为富当仁。以仁为本，以和为贵。与时逐而不责于人。贫而无谄，富而无骄。从善如流，嫉恶如仇。君子爱财，取之有道。这是子贡的经营理念。作为一名商人，子贡无疑是成功的，尽管他"喜扬人之美，不能匿人之过"，似乎并不够圆滑，但是，"子贡方人，

《孔子圣迹图》

子曰：赐也贤乎哉？夫我则不暇"。对于子贡处理人际关系的能力、情商之高连老夫子也自叹不如。仅此一点，在那个时代足以使他曾相鲁卫，家累千金，和他的老师一样彪炳丹帛，绵泽后世了。

（三）商圣——白圭

白圭是最早的经商理论大师，李悝曾向他求教致富秘诀。"人弃我取，人取我与"即是他首创的经商名言。《史记》推其为"天下言治生者祖"，曾有经商哲学理论著作问世，可惜失传。

白圭生于公元前370年，卒于公元

前300年，名丹，东周时洛阳人，梁（魏）惠王时曾在魏国做官，后来又到齐国、秦国做官和经商。他一生的主要成就是在商业方面的理论建树和实践经验，是先秦时期的商业经营思想家，也是当时一位著名的经济谋略家和理财家。《史记》和《汉书》中说他是商业经营的理论鼻祖，即"天下言治生者祖"。宋真宗时更封其为"商圣"。

他和范蠡都提出了农业经济循环说。根据古代岁星纪年法和五行思想，认为天时的好坏与农业的丰歉，具有周而复始的循环周期，每一周期为十二年，周期开始的第一年总是大丰收，其后两年"衰恶"，第四年旱，再后两年小丰收，第七年又是大丰收，而后两年又"衰恶"，第十年大旱，继而又是两年小丰收，如此反复，以至无穷。他通过观察市场行情和年成丰歉的变化，奉行"人弃我取，人取我与"的经营方法，丰收年景时，买进粮食，出售丝、漆。蚕茧结成时，买进绢帛绵絮，出售粮食。用观察天象的经验预测下一年的雨水多少及丰歉情况。若当年丰收，来年大旱，今年就大量收购粮食，囤积货物。想让粮价增长，就专买上等谷物；想让成色提高，就专买上等谷物。为掌握市场的行情及变化

战国经济谋略家白圭像

规律，经常深入市场，了解情况，对城乡谷价了如指掌。白圭虽为富商，但生活俭朴，摒弃嗜欲，节省穿戴，与他的奴仆们同甘共苦。

白圭经商速战速决，从不耽误时机。他把经商的理论，概括为四个字：智、勇、仁、强。他说，经商发财致富，就要像伊尹、吕尚那样筹划谋略，像孙子、吴起那样用兵打仗，像商鞅推行法令那样果断。如果智不能权变，勇不足以决断，仁不善于取舍，强不会守业，无资格去谈论经商之术了。白圭"人弃我取"和"知进知守"的理财思想对现代人理财也有指导意义。

（四）奇商巨贾——吕不韦

距今两千二百多年前，正值中国历史上的战国后期。周王朝的各路诸侯经过数百年的互相攻伐，到此时，只剩下齐、楚、燕、韩、赵、魏、秦七个最强大的诸侯国。那是一个狼烟四起、兵气连云的时代，那是一个杀人如麻、白骨成山的时代，那是一个英才辈出各领风骚的时代，那是一个此消彼长风云变幻的时代……

乱世之中，赵国却出了一个奇商巨贾。他以经商手段从政，竟掌控了当时

白圭和范蠡提出了农业经济循环说

最强大的国家——秦国的政权。他执政十年，承上启下，为秦国最终统一天下奠定了基础。他对当时政治格局的影响，对历史进程的影响，并不比纵横家苏秦、张仪以及其他学派的孟子、墨子、荀子、庄子、韩非子逊色。他就是吕不韦。

吕不韦最初并没有想成为一个商人，他一心向仕。但在科举制度出现之前，能否入仕的关键在于其出身如何，春秋战国时期尤为如此，出身卑微之人要想晋身高堂，只能依附权贵，屈身为其门客以待时机。

据史载，吕不韦的父亲吕鑫是濮阳城王宫守门人，他送吕不韦去私塾苦读十年，期望吕不韦学而优则仕，并且托人在大夫卫横的麾下为儿子谋求到一个门客的职位，期望吕不韦能得到国君的青睐以便有封侯拜相的机会。人算不如天算，因为不为人知的原因，吕不韦没有成为卫横的门客，出身卑贱的吕不韦被权贵们看不起，还因琐事被罚在绸缎庄老板的店铺干活。吕不韦认识到金钱是唯一可以使他尊贵与显达的方式，他决定弃仕从商谋取财富，再结交权贵，曲线入仕。

吕不韦经商并非一帆风顺，他像所有

吕不韦像

初学者一样交纳了"学费"。最初吕不韦看好"投机"生意，决定从鲁国的曲阜贩卖水蜜桃到濮阳赚取差价。天有不测风云，吕不韦的桃生意因为遭遇滂沱大雨，耽误了时机，满船鲜桃变软溃烂成泥，吕不韦的第一桩生意就这样付之流水。

幸运的是，吕不韦没有消沉，他很快开始了第二次生意。这次，他开了家绸缎庄，绸缎生意于他也算是熟门熟路，但由于同行低价挤压，小本经营的吕不韦有些抵挡不住。但吕不韦没有改弦更张，他选择了挑着绸缎到临时集市上去。吕不韦背着绸缎登上垅台招揽生意，见利就卖。这种吃苦耐

掩映在林中的吕不韦墓

劳的经商精神在很多靠商业流通发家的现代富豪身上也隐约可见，总之，他们都经过了辛苦的"贱买贵卖"阶段，囤积了经商的第一桶金。

吕不韦在"垄断"过程中，结识了一个去过匈奴的耍蛇人，在其劝说和分析下，吕不韦放弃了"垄断"，携带一批绸缎进入匈奴境换取马匹，然后他又将马匹运到邯郸贩卖，这桩生意让他获利丰厚。

纵观吕不韦的商业生涯，不难发现他用了所谓"投机"手段，善于找到机会、抓住机遇。作为商人，抓住商机是非常重要的，仅仅囤积货物是不行的，还必须在适当的时机和地点卖出去，才能获利。"贱买贵卖""投机"，这是使商业活动活跃起来，使市场繁荣兴旺必不可少的手段，也是商人赖以获利的重要途径。

古人以佩玉为尊贵

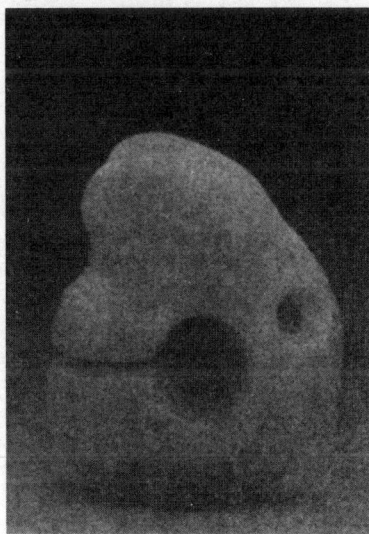

在倒手转卖的过程中，吕不韦发现了另一个商机。在当时，玉器非常珍贵，不但用于祭祀、外交和社交等场合，而且还用于服饰。《礼记》中说："古之君子必佩玉。"又说，"君子无故，玉不去身"。据说，当时贵族礼服之上有两套相同的佩玉，腰的左右两侧各佩一套，显得高雅而富贵。

战国佩玉

人们对珠玉的需求较大，而经营者不多，"珠玉之赢"又是个冷门。吕不韦抓住了这个既是热门又是冷门的"珠玉之赢"的行当，给自己的生意重新进行了定位。吕不韦改为经营珠玉生意后，生意越做越大。他一方面卖些大众化的廉价玉器；另一方面，他四处寻访，在一些玉店中寻找有价值的货物加以倒卖，从中渔利。吕不韦利用珠玉商人精益求精的心理，贱价收购有瑕疵的被一些商人低价抛售的处理类玉器。吕不韦认为，有时候顾客并不会注意那么多细枝末节，而经过他独到的眼光淘到的玉器，往往能实现"贱买贵卖"。

但他一生最得意的一笔大买卖却是：结识做人质的秦国公子嬴异人（子楚）并资助其回国即位，从而成功实现个人由商从政的历史性转变。

子楚是秦王庶出的孙子，在赵国当人质，他乘的车马和日常的财用都不富足，生活困窘，很不得意。吕不韦到邯郸去做生意，见到子楚后非常喜欢，说："子楚就像一件奇货，可以囤积居奇。以待高价售出。"于是他就前去拜访子楚，并说服华阳夫人立子楚为太子。太子子楚即位，他就是秦庄襄王。庄襄王尊奉为母的华阳王后为华阳太后，生母夏姬被尊称为夏太后。秦庄襄王元年（前249年），任命吕不韦为丞相，封为文信侯，以河南洛阳作为他的食邑。

庄襄王即位三年之后死去，太子嬴政继立为王，尊奉吕不韦为相国，称他为"仲父"。秦王年纪还小，其母常常和吕不韦私通。

吕不韦在后来组织其门客撰写的《吕氏春秋》中有这样一句话："民之情，贵所不足，贱所有余。"这很好地总结了他做生意的诀窍："贱买贵卖"和"奇货可居"，这也是吕不韦经商的不二宝典。经过贩桃、"垄断"绸缎、倒卖玉器等商业活动，可以看出其成功的关键在于

无论卖绸缎还是卖玉，吕不韦总是恪守一条做生意的原则"向最高利润靠拢"

周庄沈万三碑

其吃一堑长一智，三思而行，但更重要的是他能随机应变，不拘泥于现有的方式和目标，从卖绸缎到卖玉再到后来的立嗣之赢，他总是向利润最高的生意靠拢。《史记》中记载说他"往来贩贱卖贵，家累千金"。此时的吕不韦已经成了为富一方的大富翁。

（五）财神爷——沈万三

沈万三，名富，字仲荣，俗称万三。万三者，万户之中三秀，所以又称三秀，作为巨富的别号，元末明初人。曾助朱元璋修南京城，个人承包三分之一工程费用。因其孙卷入"蓝玉案"被充军云南，没收财产。其财富来源一说为海上贸易所得，可能算是历史上最早的国际贸易商人。《元史演义》里，沈万三被称为"财神爷"。

《明史》记载：14世纪时，江南一个发了大财的巨商——沈万三，为大明的开国皇帝朱元璋造筑了南京城墙后，还溜须拍马地想为朝廷犒军，结果朱元璋眼一瞪，将其发配到山高水长的云南去了。

周庄沈万三故里牌坊

元朝中叶，沈万三的父亲沈祐由吴兴（今浙江省湖州）南浔沈家漾迁徙至周东垞，后又迁至银子浜。沈万三在致富后把苏州作为重要的经商地，他曾支持过平江（苏州）张士诚的大周政权，张士诚也曾为沈万三树碑立传。明初，朱元璋定都南京，沈万三助筑都城三分之一，朱元璋封了他两个儿子的官。但不久，沈万三被朱元璋发配充军，在云南度过了他的余生。

沈万三在周庄、苏州、南京、云南都留下了足迹。沈万三始终把周庄作为他立业之地，尽管他受到张士诚、朱元璋的封赏，但他不愿离开这块宝地。他也想让自己的子孙都留在这块富裕之地，不惜重金加以培养，使沈家久盛不衰。

沈万三得到了汾湖陆氏的巨资，还由

沈万三塑像前的"万事福泽"牌匾

于其"治财"有方，显示了他出色的"经济管理"才能。他有了巨资后，一方面继续开辟田宅；另一方面他把周庄作为商品贸易和流通的基地，利用白砚江（东江）西接京杭大运河，东北走浏河的便利，把江浙一带的丝绸、陶瓷、粮食和手工业品等运往海外，开始了他大胆地"竞以求富为务"的对外贸易活动，使他迅速成为"资巨万万，田产遍于天下"的江南第一豪富。沈万三就用从贸易中赚下的一部分钱，购置田产，另一部分钱作经商的资本。所以说，沈万三是以垦殖为根本，以分财为经商的资本，大胆通番，而一跃成为巨富。周庄"以村落而辟为镇，实为沈万三父子之功"。

沈万三富得连朱元璋都眼红。在遭受朱明王朝三次沉重的打击后，很快衰落了。在洪武三十一年（1398），"奏学文与蓝玉通谋，诏捕严讯，诛连妻女，及其仇七十二家"。洪武三十一年二月，"学文坐胡蓝党祸，连万三曾孙德全六人，并顾氏一门同日凌迟"（《周庄镇志》卷六·杂记），这次沈万三女婿顾学文一家及沈家六口，近八十余人全都被杀头，没收田地，可谓是满门抄斩了。沈万三苦心经营的巨大家业，急剧地衰落了。"沈万三家在周庄，破屋犹存，亦不甚宏大"，

沈万三财神铜像

沈家大族遭受三次如此沉重的打击，家破人亡。

就这样，号称江南第一豪富的周庄沈万三，由兴盛走向了衰落，但他毕竟是一个值得研究和借鉴的人物，他在周庄的遗迹，也让中外旅游者及专家学者很感兴趣。

（六）世界首富——伍秉鉴

1834 年，中国出了位世界首富，他就是伍秉鉴。伍秉鉴（1769—1843），又名伍敦元，祖籍福建。其先祖于康熙初年定居广东，开始经商。到伍秉鉴的父亲伍国莹

沈万三故居陈列展

时，伍家开始参与对外贸易。

1686 年春，广东巡抚李士祯在广州颁布了一项公告，宣布凡是"身家殷实"之人，只要每年缴纳一定的白银，就可作为"官商"包揽对外贸易。从此，近代中国历史上著名的"广州十三行"诞生了。在以后的发展中，这些行商因办事效率高、应变能力强和诚实守信而深受外商欢迎。令李士祯想不到的是，这一公告竟会在以后的岁月里为中国催生出一位世界首富。

1757 年，清朝下令实行闭关锁国政策，仅保留广州一地作为对外通商港口。这一重大历史事件，直接促使广州十三行成为当时中国唯一合法的"外贸特区"，从而给行商们带来了巨大的商机。1783年，伍国莹迈出了重要的一步，成立了怡和行，并为自己起了一个商名叫"浩官"。该商名一直为其子孙所沿用，成为19世纪前期国际商界中一个响亮的名字。1801年，32岁的伍秉鉴接手了怡和行的业务，伍家的事业开始快速崛起。在此后的一百年中，广东十三行竟向清朝政府提供了40%的关税收入。在广东十三行中，以同文行、广利行、怡和行、义成行最为著名。其中的怡和行，更因其主人伍秉鉴而扬名天下。

伍秉鉴画像

在经营方面，伍秉鉴依靠超前的经营理念，在对外贸易中迅速发财致富。他同欧美各国的重要客户都建立了密切的联系。1834年以前，伍家与英商和美商每年的贸易额都达数百万银元。伍秉鉴是英国东印度公司最大的债权人，东印度公司资金周转不灵时，常向伍家借贷。正因为如此，伍秉鉴在当时西方商界享有极高的知名度，一些西方学者更称他是"天下第一大富翁"。当时的欧洲对茶叶质量十分挑剔，而伍秉鉴所供应的茶叶曾被英国公司鉴定为最好的茶叶，标以最高价出售。此后，凡是装箱后盖有伍家戳记的茶叶，在国际市场上就能卖出高价。在产业经营方面，伍秉鉴不但在国内拥有地产、房产、茶园、店铺等，而且大胆地在大洋彼岸的美国进行铁路投资、证券交易并涉足保险业务等领域，使怡和行成为一个名副其实的跨国财团。

伍秉鉴还因其慷慨而声名远播海外。据说，曾有一个美国波士顿商人和伍秉鉴合作经营一项生意，由于经营不善，欠了伍秉鉴7.2万美元的债务，但他一直没有能力偿还这笔欠款，所以也无法回到美国。伍秉鉴听说后，马上叫人把借据拿出来，当着波士顿商人的面把借据撕碎，宣布账目结清。从此，伍浩官这个名字享誉美国，被传扬了半个世纪之久，以至于当时美国有一艘商船下水时竟以"伍浩官"命名。

经过伍秉鉴的努力，怡和行后来居上，取代同文行成为广州十三行的领袖。伍家所积累的财富更令人吃惊，据1834年伍家自己的估计，他们的财产已有两千六百万银元，成为洋人眼中的世界首富。建在珠江岸边的伍家豪宅，据说可与《红楼梦》中的大观园媲美。

然而，作为封建王朝没落时期的一名富商，伍秉鉴所积累的财富注定不

伍秉鉴是一位成功的商人

广州古港码头

会长久。就在他的跨国财团达到鼎盛时，一股暗流正悄然涌动。1840年6月，鸦片战争爆发。尽管伍秉鉴曾向朝廷捐巨款换得了三品顶戴，但这丝毫不能拯救他的事业。由于与英国鸦片商人千丝万缕的联系，他曾遭到林则徐多次训斥和惩戒，还不得不一次次地向清政府献出巨额财富以求得短暂的安宁。《南京条约》签订后，清政府在1843年下令行商偿还三百万银元的外商债务，而伍秉鉴一人就承担了一百万银元。也就是在这一年，伍秉鉴病逝于广州。

第二次鸦片战争爆发，广东十三行彻底化为灰烬

伍秉鉴死后，曾经富甲天下的广东十三行开始逐渐没落。许多行商在清政府的榨取下纷纷破产。更致命的是，随着五口通商的实行，广东丧失了在外贸方面的优势，广东十三行所享有的特权也随之结束。第二次鸦片战争爆发后，又一场突如其来的灾难降临到十三行街，使这些具有一百多年历史的商馆彻底化为灰烬。

2001 年，美国《华尔街日报》统计了一千年来世界上最富有的五十个人，有六名中国人入选，伍秉鉴就是其中之一。

（七）官商——胡雪岩

胡雪岩，本名光墉（1823—1885），安徽绩溪人，因在杭州经商，寄居杭州，幼名顺官，字雪岩，著名的"红顶商人"，近代"徽商"的杰出代表。

胡光墉幼时家贫，靠帮人放牛为生，稍长，由人荐往杭州于姓钱肆当学徒，得肆主赏识，擢为跑街。咸丰十年（1860），因肆主无后，临终前，以钱庄赠之，乃自开阜康钱庄，并与官场中人往来，成为杭城一大商绅。咸丰十一年（1861）十一月，太平军攻杭州，光墉从上海、宁波购运军火、粮米接济清军。左宗棠任浙江巡抚，委胡光墉为总管，主持全省钱粮、军饷，因此阜康钱庄获利颇丰。京内外诸大臣无不以阜康为外库，寄存无算。他还协助左宗棠开办企业，主持上海采运局，兼管福建船政局，经手购买外商机器、军火及邀聘外国技术人员，从中获得大量回扣。他还操纵江浙商业，专营丝、茶出口，操纵市场、垄断金融。至同治十一年（1872）阜康钱庄分店达二十多处，遍及大江南北。资金两千余万两，田地万亩。由于辅助左宗棠有功，曾授江西候补道，赐穿黄马褂，是一个典型的官商。同治十三年，筹设胡庆余

红顶商人胡雪岩像

胡雪岩故居清雅堂

堂雪记国药号，光绪二年（1876）于杭州涌金门外购地十余亩建成胶厂。胡庆余堂雪记国药号，以一个熟药局为基础，重金聘请浙江名医，收集古方，总结经验，选配出丸散膏丹及胶露油酒的验方四百余个，精制成药，便于携带和服用。当时，战争频仍，疠疫流行，"胡氏辟瘟丹""诸葛行军散""八宝红灵丹"等药品备受欢迎。其所用药材，直接向产地选购，并自设养鹿园。胡庆余堂成为国内规模较大的全面配制中成药的国药号，饮誉中外，对中国医药事业发展起了推动作用。

光绪八年（1882），胡光墉在上海开办蚕丝厂，耗银两千万两，高价收购国内新丝数百万担，企图垄断丝业贸易。此举惹怒外商，他们联合拒购华丝。又因海关海运操于外人之手，不能直接外运。次年夏，被迫贱卖，亏损一千万两，家资去半，周转不灵，风声四起。各地官僚竞提存款，群起敲诈勒索。十一月，各地商号倒闭，家产变卖，胡庆余堂易主，宣告关门倒闭。接着，慈禧太后下令将其革职查办，抄家治罪。胡光墉遣散姬妾仆从，姬妾仆从宁死都不离开胡雪岩，显赫一时的一代豪商胡雪岩，最终一贫如洗。倒是他精心创下

胡雪岩故居一角

的胡庆余堂，至今仍以其"戒欺"和"真不二价"的优良传统矗立在杭州河坊街上，钦差大人文煜为了保存这座国药国库，帮助胡雪岩接管胡庆余堂。善良的百姓，至今仍因胡庆余堂而传颂着胡雪岩的名字。

胡雪岩的一生，极具戏剧性。在短短的几十年里，他由一个钱庄的伙计摇身一变，成为闻名于清朝朝野的红顶商人。他以"仁""义"二字作为经商的核心，善于随机应变，决不投机取巧，使其生意蒸蒸日上；他富而不忘本，深谙钱财的真正价值，大行义举，在赢得

著名商人介绍
101

胡雪岩故居"百狮楼"牌匾

美名的同时，也得到了心灵的满足；他经商不忘忧国，协助左宗棠西征，维护了祖国领土的完整；在救亡图强的洋务运动中，他也贡献了自己的一份力量，建立了卓越的功勋。当然，他也未能摆脱商人以利益为第一位的俗套，且在生活方面极尽奢靡，但毕竟人无完人、瑕不掩瑜，胡雪岩这位了不起的商人身上有许多值得今人学习的东西。

（八）云南富商——王炽

王炽（1836—1903），字兴斋，汉族，弥勒县虹溪人。成年刚至时因不满乡霸欺人，失手打死恶人后出走至四川重庆，与旅渝滇商合营"天顺祥"商号，往来川滇互贸。随后又与席茂之在昆明合资开设"同庆丰"商号。数年经营，成为滇中富商。

他幼年丧父，因家境贫寒被迫辍学，依靠母亲纺织为生。后因失手打死恶人出走，用母亲卖掉陪嫁玉镯的十两银子做本钱经商。从赶马帮贩运开始，历经艰险，苦钻商道，以过人的胆识与诚信打破当地商贾设置的重重阻碍和官府的地方保护，开创并发展了著名的"天顺祥"商号，促进了川、黔、滇三地的商务往来和商品流通。当时资本主义已在西方兴起，生活在一个闭关自守的封建王朝的王炽也很有经商头脑，他抓住全国商品经济萌动的态势，投巨资于刚兴起的银行票据汇兑行业，以昆明"同庆丰"钱庄为龙头，在当时全国二十二个行省中的十五个行省及越南、马来西亚等地设立分行……被誉为"执全国商界牛耳"之云南金融业的开山鼻祖。

光绪九年（1883），法国侵略越南，朝廷诏命提督鲍超会同云南巡抚岑毓英统兵援越抗法，当时军费紧缺，王炽出银六十万两。战后，岑、鲍班师回国，遣散士兵又需军费，王炽又垫银相助。岑、鲍甚为感激，岑赐"急公好义"、鲍赐"义重指国"匾额以旌表。后经岑、鲍上奏，

胡雪岩故居洗秋堂

庆余堂门楼上仍保留着胡雪岩创立之初所立"是乃仁术"四个大字

赐王炽四品道员官职，恩赏荣禄大夫二品顶戴，封典三代一品。

光绪十三年，唐炯调任云南矿务督办大臣，委任王炽为矿务公司总办。王炽为筹办云南铜、锡矿业，先后垫支开发基金银十万两。王炽在办矿业中大获其利，成为"富甲全滇"的企业家。王炽既善运谋致富，又用财有方。他曾捐银兴建弥勒境内两座盘江铁索桥，捐银重修广西直隶州（今泸西县）城孔庙，出资修筑虹溪街道，铺设昆明城至碧鸡关石板路，在昆明建盖弥勒会馆，划拨"兴文公当"资金馈赠本省举人赴京会试费用。光绪二十六年，陕西、山西两省大旱，王炽捐银两万两赈恤，获朝廷旌表。

光绪二十六年（1900）八国联军入侵北京，慈禧仓皇出逃，所带银两不足大队随行人员衣食，向王炽求援。王炽力排众议，认为爱国必须忠君，只有先把外国侵略者赶出去才能谈自家的事，因此十万火急下死命令：慈禧人马所经地方，凡王炽"同庆丰"分行必须全力资助。慈禧回北京后，国库空虚，资金短缺，百废待兴，王炽发动海外及国内各分行融资接济。人祸未息，天灾又降，晋、陕两省大旱，黄河断流，王炽仗义疏财，捐银数百万两给工部兴修水利，被李鸿章称为"犹如清廷之国库也"。

庆余堂是由胡雪岩创办的国药店

庆余堂内景

王炽于光绪二十九年病故，归葬虹溪烟子寨。其子鸿图继父经营"同庆丰""天顺祥"商号，于光绪三十二年任第一届云南商务总会协理。宣统元年（1909）继任二届商务总会总理，次年倡办昆明耀龙电灯公司，1914年参与开办昆明自来水公司，其经济实力和经营能力当时曾称雄云南商界。

（九）商父——盛宣怀

在百年企业史上，盛宣怀被视为"商父"，他是一个绝代的天才型官商。然而，也正是因为他的才华出众和意志坚

强，才把洋务运动引向了一个万劫不复
的深渊。

　　盛宣怀每办一项实业，必身躬亲为，
不厌其烦。修建铁路时，他已年过五旬，
而且时患哮喘、痢疾等恶疾，但他仍然奔
波各地，处理事务。他交际广泛，据记载，
常年通信的人士就多达两千余人，每有私
密重要信函，必亲自撰写。

　　终其一生，盛宣怀的所有事业都是在
跟国际资本的竞争中壮大起来的。他所开
拓的实业，无论是轮运、矿务、电报，还
是铁路、钢铁和银行，都是一个现代商业
国家的基础性产业，每一项俱事关国计民

生，稍有不慎，都可能动摇国本。更为惊心的是，他身处一个财尽民贫、国家饱受侵略屈辱的乱世，国库空虚，官僚腐败，民众迷信，几乎没有可以依赖的力量，他凭一己之力，以弱者的身份呈现强人的姿态，从列强手中夺回了诸多的国家主权和经济权益。

他对国外资本向来十分排斥，以强悍的姿态与之抗衡。在招商局时期，他跟英美公司在长江航运上打了十年的"水仗"。洋商为了压垮招商局，一度把运费降到过去的一成，他硬是挺身而战，最终把对手逼到谈判桌上签订了"齐价合同"。在办电报局的时候，他顶住压

盛宣怀档案中保留的一份巴黎世博会给盛宣怀的退货清单

力，通过艰苦谈判，将两家外资电报公司在沿海地区的电线全数拆除，让"洋线不得上陆"，维护了国家的主权。办铁厂和修铁路也是一样，他坚持以我为主，反对洋股介入，甚至因此与李鸿章、张之洞等洋务重臣公开抗辩。在矿务勘探和开采上，他一听说洋商发现或打算开采某一矿藏，就必定要急急地写信给朝廷，要么阻止要么抢先，总之千方百计要把矿权揽入怀中。数十年间，在很多时刻，盛宣怀的确扮演了国家经济利益捍卫者的角色，这也是他十分值得尊敬和怀念的地方。

盛宣怀与洋人竞争的重要手段，就是

上海机器织布局俗称"老洋布局"

充分利用政府垄断资源。早在创办轮船招商局的时候，他就提议用四十万石漕运业务来为公司"打底"。在跟洋商打"水仗"的时候，他要求李鸿章给予种种政策上的优惠扶持，譬如减免漕运空回船税、减免茶税、缓提官本等等。办铁厂和修铁路的时候，他更是双管齐下：一方面要求"轨由厂出"，保证了汉阳铁厂的利润；另一方面则全面排斥洋资进入。1893年，上海机器织布局因失火造成重大损失，盛宣怀被派去救局。他以保护民族纺织业为由，提出两大产业政策：一是严禁洋商进口纺织机器而设厂，

织布局的纺织品

二是织布局的纺织品销售"免完税厘"。这一卡一免，就给了陷入困境的企业一条活路。

盛氏的这种经营战略，在后来的中国经济学者看来一点也不陌生，它几乎是所有国营垄断型企业的必杀招数。其利在于，垄断能够产生庞大的效益和竞争力；其弊则在于，企业因此患上"政策依赖症"，并没有形成真正的市场竞争能力，就跟百年后的无数国营企业一样，在摆脱了初期的困境之后，国营企业内在的制度弊端必然愈演愈烈，终成不治之症。

盛宣怀故居

盛宣怀这类天才型官商的出现，既是偶然，也为必然，总而言之是中国商业进步的一个悲剧。他以非常之手段完成不可能之事，却始终无法摆脱官商逻辑。在某种意义上，正是他的强势试验，在暮气重重的晚清掀起了一轮实业建设的高潮，取得了惊人的突破；另一方面，其强势的官商风格，则让洋务运动越来越浓烈地笼罩上了国营垄断的色彩。

（十）状元商人——张謇

张謇（1853—1926），江苏南通人，字季直，号啬庵，出生于当时江苏省海门直隶厅常乐镇，中国近代著名的实业家、教育家。

张謇兄弟五人，他排行第四，故海门民间称他为"四先生"。张家世代务农，到张謇父亲时，已置田二十余亩，并兼营糖坊。同治七年（1868），张謇16岁时，由于祖上三代没有功名，为了走上科举正道，经宋琛安排，张謇冒用如皋县人张铨儿子张育才的名义报名注籍，经县、州、院三试胜出，得隶名如皋县学为生员。同治八年（1869）张謇考中秀才。同治十三年（1874），张謇前往南京投奔原通州知州孙云锦。光绪二年（1876）夏，应淮军"庆字营"统领吴长庆邀请，前往浦口入任文书，后袁世凯也投奔而来，两人构成吴长

张謇头像

庆的文武两大幕僚，参与了庆军机要、重要决策和军事行动。光绪六年（1880）春，吴长庆升授浙江提督，奉命入京陛见，张謇随同前往。

光绪二十年（1894）慈禧太后六十大寿设恩科会试，张謇奉父命再次进京参加礼部恩科会试。二月，礼部会试，取中第六十名贡士；三月，礼部复试时中一等第十名，"初定十一，常熟师改第十"；四月二十四日殿试时翁同龢命收卷官坐候张謇交卷，然后直接送到自己手里，匆匆评阅后，竭力加以拔擢。翁同龢不但做了其他阅卷大臣的工作，把张謇的卷子定为第一，还在向光绪帝引见时，特地介绍说："张謇，江南名士，

张謇故居

南通博物苑

且孝子也。"张謇得中一甲一名状元，循例授六品翰林院修撰。

光绪二十二年（1896）初，张之洞奏派张謇、陆润庠、丁立瀛分别在通州、苏州、镇江设立商务局，张謇与陆润庠分别在南通和苏州创办了大生纱厂与苏纶纱厂。

大生纱厂最初确定是商办，张謇试图通过官招商办、官商合办来集股筹款，但收效甚微，筹集资金十分有限。张謇无可奈何，只得向官府寻求援助，1896年11月，张謇通过曾任两江总督兼南洋商务大臣的刘坤一，将光绪十九年（1893）张之洞搞"洋务"时用官款从美国买来的现搁置在上海的一批已经锈蚀的官机四万零八百锭，作价五十万两入股，作为官股，恰在此时，以官督商办及官商合办形式垄断洋务企业的盛宣怀也正要买机器，便把这批机器与张謇对分，各得两万零四百锭，作价二十五万两官股，另集25万两商股。官股不计盈亏，只按年取官利，因而变成"绅领商办"性质。

光绪二十四年（1898），大生纱厂正式在通州城西的唐家闸陶朱坝破土动工，次年大生纱厂建成投产。经过数年的惨淡经营，大生纱厂逐渐壮

大生码头见证了大生纱厂的兴衰

大，到光绪三十年（1904），该厂增加资本六十三万两，纱锭两万余枚。光绪三十三年（1907）又在崇明久隆镇（今属启东县）创办大生二厂，资本一百万两，纱锭2.6万枚。到宣统三年（1911）为止，大生一、二两厂已经共获净利约三百七十余万两。1901年起在两江总督刘坤一的支持下，在吕泗、海门交界处围垦沿海荒滩，建成了纱厂的原棉基地——拥有十多万亩耕地的通海垦牧公司。随着资本的不断积累，张謇又在唐闸创办了广生油厂、复新面粉厂、资生冶厂等，逐渐形成唐闸镇工业区。同时，为了便于器材、机器和货物的运输，在唐闸西面沿江兴建了港口——天生港，

南通成为我国早期民族资本主义工业基地之一

以后，天生港又兴建了发电厂，在城镇之间，镇镇之间开通了公路，使天生港逐步成为当时南通的主要长江港口。19世纪末近代轻纺工业的出现，使南通的城市功能由交换为主转为以生产为主，南通成为我国早期的民族资本主义工业基地之一。

发展民族工业需要科学技术，这又促使张謇去努力兴办学堂，并首先致力于师范教育。1902年7月9日通州师范择定南通城东南千佛寺为校址开工建设，翌年正式开学，这是我国第一所师范学校，它的成立标志着中国师范教育专设机关的开端。

通州师范是我国第一所师范学校

古代商人与商业
118

复旦公学集捐启事

张謇兴办过多所学习院校。1905 年，张謇与马相伯在吴淞创办了复旦公学，这就是复旦大学的前身。1907 年创办了农业学校和女子师范学校，1909 年倡建通海五属公立中学（即今南通中学）。1912 年创办了医学专门学校和纺织专门学校、河海工程专门学校（河海大学前身），并陆续兴办一批小学和中学……

1905 年，他在通州建立了国内第一所博物馆——南通博物苑。1915 年建立了军山气象台。此外还陆续创办了图书馆、盲哑学校等。

张謇南通博物苑是中国最早的博物馆之一

张謇主张"实业救国"，他一生创办了二十多个企业，三百七十多所学校，为我国近代民族工业的兴起，为教育事业的发展作出了宝贵贡献，被称为"状元实业家"。